챗GPT와 시 읽기

인공지능총서

인공지능 시대입니다. 기계가 인간의 인지를 대신하고, 사물이 인간을 통하지 않고 다른 사물과 직접 커뮤니케이션합니다. 이에 따른 인간 삶과 문명 변화를 정확히 이해·예측·대응하는 것은 이 시대 우리 모두의 과제입니다. 인공지능총서는 인공지능 기술과 환경의 여러 주제를 10가지 키워드로 정리합니다. 관련 개념과 이론, 학계와 산업계의 쟁점, 우리 일상의 변화를 다룹니다. 인간과 기술의 현재, 미래를 세심히 분석합니다.

일러두기

- 인명, 작품명, 저서명, 개념어 등은 한글과 함께 괄호 안에 해당 국가의 원어를 병기했습니다.
- 외래어 표기는 현행 어문규정의 외래어표기법을 따랐습니다. 다만 '딥러닝', '딥페이크' 등은 관행을 따랐습니다.

처음이세요?

전문가세요?

챗GPT와 시 읽기

김웅기

대한민국, 서울, 커뮤니케이션북스, 2025

챗GPT와 시 읽기

지은이 김웅기
펴낸이 박영률

초판 1쇄 펴낸날 2025년 6월 9일

커뮤니케이션북스(주)
출판 등록 2007년 8월 17일 제313-2007-000166호
02880 서울시 성북구 성북로 5-11
전화(02) 7474 001, 팩스(02) 736 5047
commbooks@commbooks.com
www.commbooks.com

ISBN 979-11-430-0313-3 03500

책값은 뒤표지에 표시되어 있습니다.

차례

나의 문학 독서 파트너 챗GPT

독서란 무엇인가? 오늘날 글쓰기와 더불어 중요한 역량으로 강조되는 것이 바로 읽기다. 글(text)은 곧 사유의 맥락을 구조화하는 작업이므로 집에 비유되곤 한다. 집을 건축할 때 주춧돌부터 지붕까지 그 구조가 견고하지 않으면 쉽게 무너질 수 있듯이 글 역시 인간의 사유를 견고하게 구축하고 구조화하지 않는다면 불안정한 기호의 나열일 수밖에 없다. 그런데 더욱 중요한 점은 글이 인간의 본질적인 소통을 아우르는 양식이라 한다면 불안정한 글은 기본적인 소통 역량에도 영향을 미칠 수 있다는 사실이다.

따라서 글쓰기는 읽기를 수반할 수밖에 없는 능력이다. 타인의 구조화된 생각을 면밀히 파악하고 자신만의 기준으로 판단하는 것이 읽기의 기본이라면, 여기에 반영되어야 하는 역량은 비판적 인식과 문제를 구조화할 수 있는 메타적 의식이라 할 수 있다. 오늘날 독서의 역할이 중요해진 까닭은 그동안 입시제도에 의해 관습화된 독서만을 경험한 청소년 세대가 대학생으로 진학해 학습하는 전문적 글쓰기로서의 리터러시 교육 과정에서 독서 공백을 채우지 못하고 있기 때문이다.

특히 문학은 고차원적 사유와 미의식을 향유할 수 있는 인간만의 특권이라 할 만한데, 문학을 전공하지 않는 이상 특정 수준을 상회하는 비평적 관점을 얻기란 쉽지 않다. 이는 실용적 글쓰기, 학술적 글쓰기를 강조하는 대학사회의 리터러시 교육에서 입시제도하에 익혀 왔던 문학 감상 능력을 진작할 기회가 현저히 줄어들고 있기 때문이기도 하다.

이 같은 상황에서 2020년대 초반 거대언어모델로서 인공지능의 등장은 리터러시 교육 분야와 문학 교육 분야에 꽤 부정적인 요소로 다가왔다. 독서 공백이 채워지지 않은 시점에서 학습자에게 필요한 역량은 글을 읽고 사유하는 근육을 차근차근 기르는 것이었다. 그러나 이미지와 사운드로 무장한 미디어 매체가 그 공백을 대신 채우고, 챗GPT가 인간의 담화를 흉내 내기 시작한 순간 우리는 말하지 않고도, 생각하지 않고도 생각을 써 내고 공유할 수 있는 상황을 선뜻 경험해 버린 것이다.

이는 인공지능의 '텍스트 급습'이라고 할 만한 것이었다. 언어는 인간의 사유 체계이자 문화와 관습, 질서와 제도, 사회적 공동체를 결집하고 결속시키는 이데올로

기다. 이러한 언어의 성격을 인공지능이 단순히 답습하는 것이 아니라 '학습'하고 '맥락'을 만들어 가는 과정(예컨대 인공지능을 활용해 시를 창작하고 그 창작물로 시집을 발간한 사례 등)을 바라보면서 필자는 커다란 문제의식에 직면한 느낌이었다.

그러나 필자는 대표적인 인공지능 담화 챗봇인 챗GPT를 직접 경험하면서 인공지능이 인간의 고유한 문화 의식을 점거할지도 모른다는 잠재적 두려움에서 벗어나 그것이 유용한 도구가 될 것이라는 생각에 이르렀다. 기본적으로 챗GPT는 인터넷상에 존재하는 언어 더미데이터를 학습하고 이를 바탕으로 사용자의 프롬프팅(prompting)에 맞추어 맥락적으로 비슷한 단어를 연결해 가며 자신만의 문장을 만든다. 따라서 챗GPT가 가진 정보의 한계로 인한 오류도 다수 지적된다. 바로 이러한 맥락에서 챗GPT는 역설적이게도 훌륭한 독서 파트너가 될 수 있다.

오늘날 고급 독자가 되기 위해서는 자신만의 비평적 관점을 가지고 텍스트를 장악해 가며 독서하는 능력이 필요하다. 이 능력을 학습하고 체화하는 과정에서 챗GPT는 유용한 초급 독자의 역할을 한다. 이 책은 챗GPT를 활용한 독서 감상문이나 비평문 쓰기 혹은 문학 작품 해석하기와 같은 맥락에서 인공지능의 유용성을 논하지 않는다. 그보다는 사용자의 관점에서 챗GPT의 텍스트를 장악하고 비판하면서 자신만의 리터러시 능력을 향상할 수 있는 방법을 강구하는 데 방점을 둔다.

독서나 독서를 통한 글쓰기에 챗GPT를 활용하는 것이 리터러시 역량에 악영향을 미치고 무분별함, 비윤리성을 촉진할지도 모른다는 우려에 동감하지 않을 수 없다. 그러나 MZ 세대이자 미래세대인 오늘날의 대학생들에게 인공지능이 중요하며 그것을 다루는 역량이 필수적이라는 사실 또한 분명하다. 인공지능은 이미 수많은 영역에서 활용되고 있으며, 실질적으로 인간 사회의 개인적 · 공공적 성과에 기여하고 있다. 이 책은 챗GPT가 독서 능력과 논증적 글쓰기 능력을 함양하는 데 중요한 도구 역할을 할 것이라고 판단한다.

2000년대 중반부터 각 대학의 리터러시 교육 현장은 빠르게 변화해 왔다. 텍스트라는 매체를 기반으로 '소통'을 가르친다는 리터러시 교육의 본질적이고 궁극적인 목표를 생각할 때, 오늘날 인공지능의 역할을 인정하고 미디어 홍수 시대의 여러 데이터를 자신의 정체성으로 수렴하는 학습자들에게 챗GPT 활용법을 정확하고 올바르게 학습시키는 일은 꼭 필요하다. 올바른 독서를 위한 인공지능 활용은 학생들에게 적절한 학습 도구이자 메타인지 역량을 기를 수 있는 수단이며, 교수자들에게는 하나의 평가 도구다. 교육 현장에서 인공지능의 역할과 활용 방안에 대한 체계적 논의가 이루어진다면 대학 글쓰기 교육과 인공지능의 공존은 어려운 일이 아닐 것이다.

최근 대학 수업 현장에서는 개인 태블릿PC로 교과와 관련된 텍스트를 빠르게 수집하고 이에 대한 메타적 읽기를 수행하는 학생들을 쉽게 찾아볼 수 있다. 이 같은 상황에서 여러 대학의 독서 교육은 여전히 읽기를 인간의 고유한 영역으로 강조하고 인공지능의 능력을 '도전적인 것' 또는 '시기상조의 것'으로 파악하고 있다. 물론 인공지능이 생성한 정보에는 객관성 문제, 윤리적 문제, 프로그래밍 결함으로 인한 원천적 오류 등 여러 문제가 있으며 이는 논의해야 할 대상임이 틀림없다. 그러나 이 책에서 강조하고 싶은 것은 미래세대인 현 대학생들을 대상으로 하는 리터러시 교육(읽기와 쓰기 교육)이 인공지능의 기술적 한계를 이미 사용자(user)로서 경험한 주체를 교육 대상으로 삼고 있다는 사실이다. 다시 말해 챗GPT를 활용한 자료 탐색과 독서를 경험해 본 세대가 학습의 주체이므로 독서 교육에 관한 인공지능 논쟁은 인간과 인공지능의 대립 구도가 아니라 인공지능을 능동적이고 비판적으로 활용할 수 있는 인간의 능력 함양을 목표로 나아가야 한다.

이 목표를 바탕으로 진행한 '챗GPT를 활용한 현대시 읽기와 비평문 쓰기'라는 예시와 같이 이 책에서는 현대시 작품을 감상한 후 비평 쓰기를 실습하는 과정을 다룬다. 작가나 작품에 대한 스키마가 없거나 부족한 상황에서 챗GPT를 경험한 적 있거나 적극적으로 사용하는 학습자라면 주목할 만한 프롬프팅 방법과 과정을 제시한다. 예컨대 챗GPT를 활용할 때 답변을 반드시 인용문으로 제시하게 하고 이에 대한 해석과 더불어 논증적 지점을 찾도록 하되, 활용 방법에 대해서는 자유도를 부여하는 등 논증적 글쓰기에서 중요한 논지 강화에 인공지능의 글을 어떻게 활용할 수 있는지 보여 준다.

01
챗GPT 프롬프팅의 중요성

AI가 등장하면서 글쓰기 능력이 인간만의 고유한 능력이라는 생각은 의문시되고 있다. 글쓰기뿐 아니라 이미지 생성, 도표 출력, 작곡, 딥페이크, AI 아바타 등 인간이 사회적 · 문화적 동력으로 소비해 왔던 이른바 '미디어 콘텐츠'의 대다수 영역에서 인공지능이 활용되고 있다는 사실을 고려한다면, 인간과 인공지능의 대결 또는 대립 구도로 리터러시 능력을 바라보는 관점은 이제 지양되어야 할 것이다.

AI와 1인 창업?

챗GPT의 텍스트 접근과 유보적 인식

2022년 챗GPT 기술의 발표·배포 이후 텍스트에 대한 인간의 접근 환경이 달라진 것은 주지의 사실이다. 이에 따라 독서나 창작에 관한 변형된 의식·태도·사례를 통해 앞으로 우리가 기술적 차원을 넘어 함양해야 하는 인공지능 활용 역량과 메타인지의 관점에서 프롬프팅을 논의하는 일이 중요해지고 있다.

텍스트 생성형 인공지능 가운데 오픈AI(Open AI)에서 개발한 GPT는 초거대언어모델(Large Language Model, LLM)에 기반한 AI 모델이다. 이를 엔진으로 한 챗봇 챗GPT에 접근하면 누구나 쉽게 글을 생성할 수 있다. 이러한 접근성과 유용성 덕분에 일반 기업에서는 보고서, 계약서 등의 내용을 쉽게 작성할 수 있게 되었다. 또한 개인의 포트폴리오, 이력서 같은 경력증명서부터 일기, 편지, 에세이에 이르는 사적 기록물까지 챗GPT를 활용한 글쓰기가 이뤄지고 있다. 더 나아가 챗GPT를 활용한 시, 소설 등의 문학 작품 창작과 비평문 쓰기를 위한 챗GPT 독서의 사례를 종종 찾아볼 수 있다.

현재까지 배포된 GPT 시리즈 가운데 대중적으로 잘 알려진 버전은 3.5와 4.0 버전이다. 최근에는 4o 버전의 유료 모델도 배포되었다. 오픈AI에 따르면 챗GPT는 버전이 높아질수록 텍스트 구성 능력이 한층 발전했으며 사용자에게 더욱 유용한 정보를 제공할 수 있게 되었다.

다양한 텍스트 영역에 접근할 수 있는 챗GPT의 능력을 긍정적으로 수용하는 관점이 존재하는 반면, 이러한 관점이 간과하는 챗GPT의 기술적 한계나 윤리적 문제를 지적하는 관점도 분명 존재한다. 챗GPT는 GPT를 엔진으로 하는 인공지능 챗봇이다. 따라서 GPT의 성능에 따라 이 챗봇이 도출해 낼 수 있는 결괏값도 달라진다.

GPT가 기억 · 처리할 수 있는 단어 수를 토큰(token)이라 한다. GPT의 능력에 대한 유보적 관점은 이 토큰의 개수가 한정되어 있을 뿐 아니라 GPT가 정확하지 않은 정보를 그럴듯하게 제공하는 거짓 도출(hallucination) 증상을 보이는 등 대화 구성에서 뚜렷한 한계를 보인다고 지적한다. 특히 거짓 도출 현상은 독서 경험에서 치명적인 오류로 작용할 수 있다. 독서하는 사람의 GPT 사용 숙련도에 따라 활용 가치가 변화할 수 있다는 점 역시 지적된다.

그럼에도 인공지능이 인간'스러운' 기계 또는 프로그램이라는 점을 망각하고 그것을 '도전 상대' 또는 '특별한 존재'로 격하하거나 격상하는 담론 틀 안에서 인공지능을 '텍스트에 접근하기 위한 유용한 도구'로 받아들이고 활용 방법론을 구상하려는 논의를 대안으로 주목할 필요가 있다. 인공지능 기술을 독서나 글쓰기 영역에 도입하는 것은 상상이 아니라 현실이 되었다. 따라서 사회문화적 관점에서 인공지능을 배제하거나 그것에 전권을 위임하는 방식을 비판하고, 앞으로 도래할 범용인공지능(Artificial General Intelligence, AGI) 시대에 발맞추어 인공지능을 실용적인 수업 모형 설계에 활용해야 한다. 독서 · 글쓰기에서 인공지능이 지닌 유용성과 한계를 타진하고, 어떤 방식의 '프롬프팅'이 유효하게 작용하는지 살펴보자.

챗GPT 프롬프팅 활용과 태도

오늘날 미디어를 통한 무분별한 데이터 노출에서 비롯한 무의식적 편향은 인간을 '사유하지 않는 존재' 또는 '사유하지 않아도 되는 존재'로 만들고 있다. 이러한 상황에서 '팩트(fact)'라는 말은 유명무실한 상징이 되었고, 팩트에 기반한 글들의 논증 과정은 점차 허술해지고 있다. 대학생들의 논리적 · 체계적 · 인문학적 소양을 위한 글쓰기 교육이 단순히 글쓰기 기술이나 자기성찰적 태도를 갖추게 하는 데 그쳐서는 안 되는 까닭이 여기에 있다.

특히 생성형 AI가 출시되면서 독서와 창작이 수월해

졌다는 것은 인간의 고유 영역으로 여겨져 온 '글' 자체, 읽기와 쓰기의 도구적 수단을 넘어서는 의미가 있다. 한마디로 인공지능이 등장하면서 미디어 · 사회에서 꾸준히 지적되어 온 인간의 무의식적 편향이 더욱 촉진되고 있다. 이에 교육 현장은 논증적 글쓰기 능력을 더욱 강조하면서 인공지능의 영향력을 부정적으로 분석하며, 인공지능을 수업 도구로 활용하지 않고 학습자로 하여금 자신만의 글쓰기 방안을 모색하게 해 인간 글쓰기의 고유 영역을 강화하고 있다.

'읽기와 쓰기'는 본질적으로 창작의 전(全) 영역에 속한다. GPT가 생성해 낸 텍스트는 유용성과 정확성, 논리성을 떠나 창작 주체가 모호하며, 이에 따라 사유 체계에 윤리적 문제를 불러일으킨다. 이 또한 인공지능의 등장 이후 꾸준히 지적된 문제다. 이와 관련해 최근에는 인공지능을 활용한 텍스트의 인용 양식 등 윤리적 리터러시를 강조하기 위한 새로운 방법들이 제시되고 있다. 그중 하나는 사용 목적, 프롬프트(prompt. 명령어)와 답변 등 챗GPT를 구체적으로 어떻게 활용했는지 정리하는 프롬프트 박스를 만드는 것이다. 프롬프트 박스를 활용하면 인공지능을 활용한 텍스트의 무분별한 사용을 줄일 수 있고, 사용자가 텍스트 정리 과정에서 거짓 도출 현상이

나 오정보 등을 메타인지의 단계에서 비교하고 판단할 수 있어 객관성을 높일 수 있다. 요컨대 챗GPT를 사용할 때 취해야 할 윤리적 태도가 프롬프팅에 반영된다는 사실을 염두에 둬야 한다.

이를 위해 대학에서 범박하게나마 강조했던 리터러시 교육의 근본적 태도 변화 동향을 살펴보자. 그 시작은 2000년대 초반 7차 개정교육과정에 따른 대학 리터러시 교과의 개편과 확장이었다. 20여 년 동안 빠른 속도로 변화해 온 리터러시 교육은 2005년 대학 글쓰기 교과가 개편되기 시작하면서 '성찰적 글쓰기'로 나아갔다. 다양한 전공의 학생들이 자기소개서나 에세이의 형식으로 자기성찰을 수행했다. 사회 구성원으로서 역할과 개인의 자기 역량을 가치화하는 것을 학습 목표로 삼았던 글쓰기 수업은 전문 교수자를 편성하거나 연구소, 센터 등을 운영하는 등 대학 차원의 지원을 통해 그 범주를 확대해 갔다.

대학마다 주제나 방향성에 편차는 있었으나 글쓰기 교재를 편집 · 출판하기 시작했고, '대학 글쓰기', '사고와 표현', '주제 연구' 등의 교과명으로 편성된 강의가 대학생의 필수교양교과로 자리 잡았다.

2010년대에도 대학생의 인문학적 능력을 함양하고

글로벌 인재로서 사고방식을 갖추게 하기 위해 글쓰기의 중요성이 꾸준히 확대되었다. 그러면서 성찰적 글쓰기 외에도 논증적 글쓰기, 설명적 글쓰기, 실용적 글쓰기, 학술적 글쓰기 등으로 글쓰기 교육의 영역이 세부적으로 확대되었다. 이와 동시에 '독서' 영역 또한 강조되었다. 개정교육과정 이후로 독서는 청소년 학생과 대학생의 필수 역량으로 여겨졌고, 비판적 읽기 · 주제 통합적 읽기 등의 역량을 목표로 강조되어 왔다.

2014년 개발되어 2015년 등장한 바둑 인공지능 프로그램 알파고(AlphaGo)와 함께 인공지능의 딥러닝 방식에 대한 대중적 관심이 일었고, 인공지능과 인간의 관계 설정에 대한 논쟁이 이루어졌다. 이는 텍스트의 주체로서 인간의 영역을 더욱 확고히 하는 방향으로 이어졌다. 이 과정에서 글쓰기에 활용할 수 있는 멀티미디어 매체나 미디어 리터러시를 강조하는 수업 모형이 등장하기는 했으나 대다수의 데이터가 이미지로 축적되는 현대 사회에서 리터러시 능력에 대한 회의 또한 늘어났다.

2022년 챗GPT의 출시는 인간 사회에 존재하는 다양한 분야의 레토릭을 변화시킨 중요한 사건이었다. 2019년 오픈AI에서 초거대언어모델의 초창기 모델인 GPT-2가 개발되었을 때 불거진, 인간의 리터러시 능력에 끼칠 악

영향에 대한 다수의 회의적 논의, 다시 말해 인간의 지성을 증명하는 영역이었던 텍스트의 주체가 인공지능에 의해 전복될 수 있다는 문제의식에서 제기된 논의에 실제성을 부여한 일이었기 때문이다.

GPT-2보다 상위 버전인 GPT-3.5를 탑재하고 나타난 챗GPT는 인간의 고유한 지성 행위를 흉내 내는 것을 넘어 일상 영역에 빠르게 침투했다. 자료 검색, 단순 번역, 개요 짜기 등 글쓰기 교육의 기초라 할 수 있는 부문들을 빠르게 대체하기 시작했다. GPT-4 버전이 탑재된 챗GPT는 이전보다 방대한 더미데이터와 인콘텍스트러닝(in-context learning) 기술을 통해 정교한 리터러시 활용 능력을 갖추었다.

최근에는 챗GPT로 인간의 고유한 영역으로 여겨져 왔던 시, 소설과 같은 문학 장르를 감상하고 창작하는 사례가 늘고 있다. 다시 말해 챗GPT가 단순 활용 영역을 넘어 예술을 창작하는 영역으로 조금씩 그 저변을 넓혀 가고 있다. 몇몇 기업에서는 실제로 예술 창작에 초거대 언어모델 AI를 활용할 방안을 모색하고 모델을 개발하기도 했다. 카카오브레인에서 개발한 시 창작 인공지능 시아(SIA)가 대표적 사례다.

그렇다면 이제 리터러시 능력은 인간만의 고유한 능

력이 아니다. 독서나 글쓰기뿐 아니라 이미지 생성, 도표 출력, 작곡, 딥페이크, AI 아바타 등 인간이 사회적·문화적 동력으로 소비해 온 이른바 '미디어 콘텐츠'의 대다수 영역에서 인공지능이 활용되고 있다는 사실을 고려한다면, 인간과 인공지능의 대결 또는 대립 구도로 리터러시 능력을 바라보는 관점은 지양해야 할 것이다.

단, 인공지능의 활용도가 높아진 것이 인공지능을 받아들여야 할 유일한 이유는 결코 아니다. 이 장에서 강조하고 싶은 것은 인공지능을 활용한 글쓰기의 범주를 '대필'의 영역으로만 사유하는 것의 문제점이다. 종래의 전통적 리터러시로서 '글쓰기 기초', '사고와 표현', '주제 연구' 등의 글쓰기 행위는 자기성찰적 사고를 마련해 개인이 삶을 올바르게 영위하고 공적 영역에서 주체적으로 활동할 기반을 마련하는 데 방점을 찍었다.

그러나 2010년대 중반 이후 멀티미디어 매체에 대한 복합적 사고방식이 어젠다로 떠오르면서 사회는 실제적 장소에서 가상의 공간으로 전이되었다. 아울러 컴퓨터와 스마트폰을 잘 다루는 세대로서 MZ 세대의 활동 영역이 적극적으로 마련되었다. 이 과정에서 20~30대는 디지털 노마드를 자처하며 인터넷과 사이버 공간에 배포되어 있는 데이터를 자기만의 방식으로 경작하고 재생산함으로써 정체성을 생성하고, 그것을 경제적으로 활용하는 자기브랜딩을 통해 의사를 표현하고 소통을 위한 커뮤니티를 마련해 왔다.

다시 말해 MZ 세대는 수많은 데이터를 자신의 사유 방식과 삶의 정체성에 맞추어 편제하고 비평하는 능력을 본능적으로 갖추고 있다. 이러한 세대론적 관점은 2020년 코로나19 팬데믹 사태를 겪으며 빠르게 확산했다. 전염병의 불가피성이 야기한 '비대면'이라는 형식은 MZ 세대이자 디지털 노마드 세대의 능력을 더욱 심화하는 촉매제로 작용했다. 이에 대학 현장에서도 비대면 교육 방식이 안정적으로 정착했으며, 학교에서 스마트폰, 태블릿PC 등을 활용하게 되어 학술 데이터에 대한 접근성이 높아졌다.

리터러시 교육 현장에서도 20대 초반의 학생 대부분은 챗GPT를 교수자보다도 능숙하게 활용하며, 챗GPT를 활용하는 수업에 대한 선호도가 높다. 예컨대 모 수업의 강의평가에서는 챗GPT를 활용하는 것을 긍정적으로 인식하는 학생들의 의견이 주를 이루었다. 한마디로 오늘날 챗GPT와의 대화에서 대다수의 사용 주체에게는 능동성이 잠재해 있다. 이들에게 중요한 문제는 챗GPT 사용 여부가 아니라 '어떻게' 사용할 것인지다.

참고문헌

고혜원(2022). “대학 교양교육에서 자기성찰적 글쓰기 연구의 현황과 과제”. 《교양학연구》, 21, 319-346쪽.

김수이(2019). “인공지능 시대, 인간의 글쓰기는 계속 가능한가 - 글(텍스트)의 변화에 대한 비판적 예측”. 《리터러시 연구》, 10(3), 283-315쪽.

김지은(2023). “메타 리터러시로서 미디어 리터러시의 발전과 확장성”. 《리터러시 연구》, 14(4), 699-712쪽.

김태형(2023). “인컨텍스트 러닝을 통한 ChatGPT의 시적 표현 해석 기능성 연구 - 윤곤상 《농눌시집》에 나타난 우화시를 중심으로”. 《리터러시 연구》, 14(4), 97-127쪽.

박성준(2023). “‘AI 이육사’ 실현 가능성에 대한 시론(1) —인공지능과 문학적 담화 기능 구축 사례 제언”. 《한국문예창작》, 22(2), 87-119쪽.

서울과학기술대학교 논리적 글쓰기 교재편찬위원회(2024). 《논리적 글쓰기》. 태학사.

윤인선(2023). “생성형 AI 시대의 교양교육으로서 글쓰기 교육과 리터러시 역량”. 《리터러시 연구》, 14(4), 13-40쪽.

전주현(2019). “4차 산업혁명시대 범용기술인 인공지능분야의 보편적 교육”. 《기계저널》, 59(6), 38-41쪽.

조혜정(2019). “네트워크 사회의 개인권력과 디지털 노마드 개념에 대한 연구”. 《시민사회와 NGO》, 17(1), 41-71쪽.

02
챗GPT의 거짓 도출

챗GPT가 주제에 대한 모든 지식을 학습한 상태에서 그 주제에 대한 전문가로서 대화에 임하는 것은 아니다. 그럼에도 사용자는 대화를 주도하면서 지식의 검열을 통해 세션을 충분히 수정할 수 있고, 이 과정에서 재맥락화된 내용들을 평가할 수 있다.

AI와 MBTI?

거짓 도출 사례와 해결

인공지능을 활용한 메타인지 읽기와 논증적 글쓰기의 문제점은 무엇인가? 챗GPT는 다양한 버전으로 나뉘어 배포된다. 하위 버전은 무료로, 상위 버전은 유료로 배포된다. 한편 뤼튼과 같은 인공지능 플랫폼과 학교 지원이 이루어지는 일부 대학에서는 학교 지원 등을 통해 GPT를 무료로 사용할 수 있다. 이때 무료 버전인 GPT-3.5는 GPT-4나 GPT-4o에 비해 텍스트를 구성하는 능력이나 사용자의 프롬프팅을 수행하는 능력이 현격히 떨어져, 학술 분야와 교육 분야에서는 주로 GPT-4를 사용하는 것이 권장된다. 그러나 GPT-4 역시 '거짓 도출'이라는 문제에서 자유롭지 않다.

거짓 도출: 김수영과 하이데거

한 사례를 살펴보자. 모 수업에서 필자는 학습자들에게 1960년대의 대표적 시인 김수영을 학습하고 읽는 과정에서 인공지능을 활용해 보라는 과제를 냈다. 특히 김수영의 시 세계와 관련한 키워드 가운데 '설움', '사랑', '생활' 중 한 가지를 선택해 인공지능으로 그것의 보편적 의미를 파악하고, 김수영의 시에서 그 의미가 달리 해석되는 바를 고찰하라고 했다. 학습자들은 저마다의 기준을 바탕으로 키워드를 선택하고 학습 활동을 이어 나갔다.

그중에서 '설움'을 선택한 학습자는 먼저 챗GPT에 "인간에게는 '설움'이라는 감정이 존재한다. 이것에 대한 심리학적 혹은 철학적 논고를 알고 있는가?"라는 질문을 던졌다. 이에 대한 챗GPT의 답변은 다음과 같다. "설움은 한국어로 외로움을 의미하며, 종종 슬픔, 불안, 불안감과 연관됩니다." 이후 학습자는 응답 재설정 기능을 통해 '설움'에 대한 사전적 정의를 검토했다. '외로움'으로 그 의미가 특정되었던 '설움'은 슬픔, 힘듦, 애절한 감정 등을 복합적으로 나타내는 말로 확장되었다. 세 번째 검토에서는 설움의 원인, 표현, 영향, 극복, 문화적 특성, 예술과 문학에서의 의미 등 설움이라는 단어의 쓰임까지 확인할 수 있었다.

이때 챗GPT는 유독 설움의 '사회적 기능'을 강조하며, 존재와 시간에 대한 마르틴 하이데거(Martin Heidegger)의 철학을 언급했다.

【챗GPT 응답 ①】

하이데거에 따르면, '설움'은 Dasein이 자기 자신과 세계, 그리고 이 둘 사이의 관계를 인식하는 방법을 나타냅니다.… 하이데거는 이런 '설움'을 **"되돌아보기"로 설명하며**,

이것은 Dasein이 자신의 존재에 대해 깊이 고찰하고, 그 존재가 어떤 의미를 갖는지 이해하려는 시도라고 말합니다. 이러한 하이데거의 접근법은, 설움이 단지 개인적이고 주관적인 감정이 아니라, 우리가 세계를 이해하고 우리 자신의 위치를 인식하는 데 중요한 역할을 하는 감정이라는 것을 강조합니다. 따라서 하이데거의 설움은 개인의 고독한 상태를 의미하는 것이 아니라, 인간 존재의 근본적 조건을 의미하며, 이는 인간이 자기 자신과 세계에 대해 이해하고 사유하는 방식에 깊게 영향을 미칩니다.

여기서 현존재(Dasein)가 "자기 자신과 세계, 그리고 이 둘 사이의 관계를 인식"하는 방식에 '설움'이라는 정념이 놓여 있다는 해석은 거짓 도출이다. 하이데거가 공포나 슬픔과 같은 감정어를 사용하기는 했지만 '설움'이라는 개념을 지칭한 적은 없다. 그럼에도 이러한 결과가 도출된 이유는 하이데거가 세계-내-존재의 세계에 대한 전체적 이해를 개시성이라 할 때 기분, 언어, 이해에 대한 설명을 경유했기 때문이다.

다시 말해 챗GPT의 응답은 '설움'이라는 용어를 특정한 프롬프트에 의한 도출 결과며, 학습된 하이데거의 '기분' 개념을 경유해 '설움'을 설명하려는 의도에서 비롯된 오류다. 그럼에도 설움에 대한 챗GPT의 개념적 접근은 그것을 "개인의 고독한 상태"를 나타내는 단순 감정 상태가 아니라 자기와 세계 사이 연결을 노정하는 사유 조건으로 보려 시도했다는 점에서 김수영의 '설움'에 접근하는 데 의도치 않은 수월성을 제공했다.

김수영이 시에서 논하는 '설움'의 다양한 의미 가운데 하나는 한국전쟁 이후 폭압적인 현실 세계 속에 놓인 자신의 처지와 구속된 자유정신에 대한 저항으로 발발한 불화에서 시작된 정념이다. 이는 챗GPT가 설명하고 있는 '설움'의 의미와 어느 정도 상응한다. 이와 관련해 사용자는 "한국의 시인 가운데, 김수영은 '설움'을 주제로 많은 작품을 썼다"고 말하며 '설움'을 주제로 한 담화를 진행해 보았다. 그러자 챗GPT는 김수영에 대해 "인간의 고독과 설움, 그리고 사회적 억압에 대한 저항을 주제"로 "사회적인 억압과 그로 인한 개인의 고통을 드러내면서도, 동시에 저항과 반항의 정신을 강조"했다고 설명했다.

챗GPT는 예시 작품에서도 오류를 드러냈다. 챗GPT가 제시한 〈설운다〉라는 작품은 김수영의 시가 아니다. 이 같은 거짓 도출이 나타나는 까닭은 챗GPT의 기술 방식에 있다. 챗GPT는 현재 세션의 대화에 입력된 텍스트 데이터와 기존에 학습된 방대한 양의 데이터를 조합해,

특정 단어 다음에 올 문맥을 예측해 기술한다. 다시 말해 챗GPT가 김수영에 대한 모든 지식을 학습한 상태에서 김수영에 대한 전문가로서 대화에 임하는 것은 아니다. 그럼에도 이 같은 대화를 주목해야 하는 까닭은 사용자가 대화를 주도하면서 지식의 검열을 통해 세션을 충분히 수정할 수 있고, 이 과정에서 재맥락화된 내용들을 평가할 수 있다는 데 있다.

앞선 예시에서 중요한 점은 챗GPT가 김수영의 '설움'을 이중적 의미로 해석할 여지를 부여했다는 것이다. 챗GPT는 시적 정념으로서 김수영의 '설움'을 개인의 추체험을 통해 발생한 것과 공동체 사회로부터 요청된 것으로 분리해 해석한다.

김수영의 '설움' 정념이 문학사에서 특이한 위치를 점유하는 것은 그것이 사적 감정에서 출발했지만 종국에는 현실에 대한 대결 의식을 내포하며 공동체적 정념으로 전이되기 때문이다. 아울러 그 정념은 분리되지 않는 혼재의 상황 속에서 극복 또는 체념의 심급으로 마무리되는 것이 아니라 지속적으로 '반복'된다. 가령 "내가 겪은 포로 생활"에 담긴 "세계의 그 어느 사람보다도 비참한 사람이 되리라는 나의 욕망과 철학이 나에게 있었다면 그것을 만족시켜 준 것이 이 포로 생활이었다"라는 진술을 토대로 보면, 김수영의 '설움'을 촉발한 계기는 한국 사회의 이념적 대립과 그로 인한 비인간적 정치 행태 그리고 무력 앞에 무용해지는 인간 존재와 연관된 정념으로 파악된다. 즉 김수영은 '설움'을 전유함으로써 한국전쟁과 군부 독재라는 정치적 불화의 온상을 실제로 체험한 내부자이자 공동체를 사유할 수 있는 지식인으로서 극복되지 않는 자기 존재를 비판적으로 인식했다.

사용자는 챗GPT와 더 구체적인 담화를 진행하기 위해 김수영이 4 · 19혁명을 기점으로 현실참여적인 시적 태도를 더욱 강조했다는 정보를 제공했다. 아울러 김수영이 여타 철학자와 비평가, 시인을 자신의 글에서 언급했다는 사실과 함께 하이데거의 철학에도 관심이 있었을 가능성을 제시했다. 그런 다음 "김수영의 '설움'에 관한 작품들이 하이데거의 영향을 받았을 가능성도 있는가?"라는 질문을 했다. 이에 대한 챗GPT의 응답은 다음과 같다.

과도한 해석과 거짓 강화

【챗GPT 응답 ②】

김수영의 시와 하이데거의 철학 사이의 관계에 대해 직접적으로 알려진 연구나 자료는 없습니다. 하지만 그들이 모두 설움이라는 주제를 깊게 탐구했다는 점에서 일정한 공감대를 찾을 수 있을 것입니다.… 김수영이 자신의 시에서 현실에 대한 참여와 반항을 강조한 것처럼, 하이데거도 설움을 통해 Dasein이 자신의 존재에 대해 명확히 이해하고, 세계와 어떻게 연결되어 있는지를 깨닫는 것을 강조했습니다. 따라서 김수영의 설움에 대한 시와 하이데거의 설움에 대한 철학은 각기 다른 방식으로 이 주제를 탐구했지만, 그들의 작품에서는 인간의 존재와 그 본질에 대한 깊은 이해를 추구하는 공통점을 찾을 수 있을 것입니다.

챗GPT는 거짓 도출이 수정되지 않은 상태에서 여전히 하이데거적 '설움'을 실재하는 개념처럼 사용하고 있다. 그러면서 김수영과 하이데거가 '설움'을 인간 존재의 근본적 조건으로 본다는 점에서 공통점이 있다고 말한다. "김수영이 자신의 시에서 현실에 대한 참여와 반항을 강조"한 것은 공동체의 일원으로서 연결된 사회를 영위할 때 불연의 상태에 있는 존재에게 요청되는 정념으로서 '설움'을 촉발한다. 이는 '설움'이 세계-내-존재를 인식하게 하는 계기라고 판단한 하이데거의 사회문화적 맥락과 상응하는 지점이다. 여기서 챗GPT는 '설움'을 자기 존재의 본질을 파악하기 위한 요소로 강조했으나, 김수영의 추체험적 '설움'에 대해서는 언급하지 않았다.

거짓 도출을 통한 발견과 깨달음

김수영의 '설움'은 한국전쟁 당시 부산 거제리 포로수용소에 수감되었던 경험에 그 근원을 두고 있다. 어떤 이념에 종속되지 않은 결과가 곧 생존 투쟁으로 이어지는 극한의 상황 속에서 김수영이 느꼈던 두려움과 고독이 '설움'이라는 정념으로 완성되면서 시를 촉발하는 원동력이 되었다. 이는 "가냘픈 역사"라는 김수영의 산문에서 메타포처럼 인식된다. "나는 요사이 비로소 비정(非情)이라는 말의 진미를 알았다"는 언급은 인간이 겪는 세계와의 불화가 극복의 대상이 될 수 없다는 사실에 대한 자각으로 인식된다. 가령 "성서와 파카 만년필이 없었던들 나는 거제도에서 설움에 박혀 죽었으리라"라는 고백은 거제리 포로수용소 병원에서 만난 한 여성과의 연애 서사를 극적으로 표현한 것이었지만 "파카 21" 만년필과 관련된 김수영의 역사는 '되돌려 줌'과 '분실'을 겪다가 마지막에 와서 파카가 아니라 '고식(古式) 에보나이트 금촉이 박힌' 왜식 만년필을 사는 것으로 귀결된다. 이것이 의미하는 바는 김수영이 고독한 존재의 자기 인식을 완성하기까지 여러 형태의 설움을 받아들였고, 이 과정을 통해 한 단계 성숙한 '비정의 존재'가 되었다는 점이다.

챗GPT는 자신이 제공한 거짓 도출 응답을 강화해 김수영의 '설움'이 지닌 사회적 의미를 강조하는 담화로 나아간다. 다시 말해 김수영의 대표적인 시적 태도, 즉 참여시의 경향만을 인지시키는 제한된 정보의 프롬프트를 입력했을 때, 챗GPT는 설움의 복잡한 의미를 구체적으로 조망하지 못한다. 학습자는 이 같은 사례를 바탕으로 챗GPT가 제공하는 모든 의견과 정보가 절대적 완결성을 가지지 못한다는 사실을 깨달았다. 이 같은 과정이 도출되었을 때는 세션을 중단하고 새로운 수정 도출 세션을 진행해야 한다.

참고문헌

김수영 지음, 이영준 엮음(2018). 《김수영 전집 2》. 민음사.
박찬국(2017). 《하이데거의 존재와 시간 강독》. 그린비.
전병준(2011). "김수영 초기 시의 설움에 나타나는 주체와 타자의 관계 연구". 《비평문학》, 39, 377-400쪽.

03
챗GPT의 수정 도출

프롬프팅 역량을 학습한 사용자들이 공통적으로 보여 주는 특징은 챗GPT를 상호소통 가능한 존재로 파악하면서도 자신을 대화의 주체이자 글쓰기의 주체로 판단해 얻는, 인공지능을 활용하고 있다는 자각과 태도다. 이 과정에서 수정 도출은 더욱 효과적으로 이루어진다.

AI와 난임 극복?

구체적인 프롬프팅 방법

프롬프팅은 인공지능 프로그래밍을 위한 명령어 입력 행위를 포괄하지만 여기서는 챗GPT와 같은 상호소통이 가능한 챗봇 형식의 인공지능에 사용자가 명령어를 입력하는 행위로 그 의미를 제한하겠다. 프롬프팅에 의해 이뤄진 문답의 결과물을 프롬프트라 하며, 하나의 주제로 대화가 시작된 지점부터 종료된 지점까지의 내용을 일괄해 세션이라 한다.

이 프롬프트와 세션을 구성할 때 살펴보아야 할 챗GPT의 주요 특징은 세 가지다. 첫째, 챗GPT가 소화할 수 있는 대화의 분량이 정해져 있다. GPT-4 버전은 토큰이 대략 4000개라고 알려져 있는데, 이 범위를 벗어나면 챗GPT는 가장 오래된 대화의 내용부터 망각한다. 둘째, 스키마가 충분하지 않은 상황에서 챗GPT는 대화 주제에 대한 거짓 도출을 생성할 수 있다. 거짓 도출 혹은 환각 현상은 빈번하게 나타나며, 데이터 제공의 정확성 면에서 간과할 수 없는 오류다. 그러나 챗GPT는 단어의 맥락과 사용자의 프롬프팅을 고려하면서 2021년까지의 더미데이터에 국한된 데이터만으로 텍스트를 구성하기 때문에 버전이 업그레이드되지 않는 한 거짓 도출 문제를 해결할 방도가 없다. 이 문제를 보완할 수 있는 셋째 특징이 바로 인콘텍스트러닝 기술의 접목이다. 챗GPT는 대화를 통한 학습이 가능한 인공지능 모델이다. 따라서 사용자의 질문이 구체적일수록 정확한 답변을 제공할 수 있으며, 사용자가 답변에 대한 수정을 요청하면 데이터를 재구성해 텍스트화한다. 아울러 사용자가 새롭게 제공하는 지식에 대해 학습할 수 있으며 학습된 관점으로 대화를 이어 갈 수 있다는 특징이 있다.

챗GPT는 2021년까지 인터넷상에 존재하는 열람 가능한 텍스트 데이터를 일괄 학습했고, 사용자가 제공하는 지식을 담화를 통해 추가로 학습할 수 있는 인콘텍스트러닝 기술을 탑재하고 있다. 그럼에도 챗GPT의 거짓 도출은 빈번하게 나타난다. 거짓 도출은 주로 특정 인물이나 사건에 대해 '설명하시오'라는 프롬프팅을 했을 때, 전제된 스키마가 없을 경우 두드러진다.

가령 특정 작가에 대해 설명할 때 엉뚱한 제목의 작품이나 책을 언급한다거나, 작가와 관련 없는 전기적 사실을 그 작가의 전기적 사실로 알려 주는 사례가 대표적이다. 이는 지식의 객관성이 담보되어야 하는 대학 교육 현장에서 치명적인 오류가 아닐 수 없다. 아울러 학습자가 이러한 문제를 정확하게 인지하고 있지 않으면 챗GPT를 활용해도 무의미한 결과를 도출하게 될 것이다.

따라서 인공지능을 활용할 때 사용자가 챗GPT의 글에 대한 메타 주체로서 논리를 주도하고, 창의적 글쓰기와 논지 강화를 위한 프롬프팅을 구체적으로 제시할 필요가 있다.

올바른 프롬프팅을 위한 대학 교재 사례

2022년 편찬된 《디지털 시대 대학 글쓰기》는 글쓰기 교재이기는 하나 '독서' 영역에도 중요한 참조 사항을 제시한다. 즉 제러미 리프킨(Jeremy Rifkin)의 새로운 인간형을 주목하며 미디어 리터러시의 중요성을 언급한다. "사이버 스페이스에서 자기 인생을 즐기는 세대"이자 "하이퍼텍스트, 웹사이트 링크, 피드백 고리와 함께 자란 이들에게 접속은 생명, 그래서 접속이 끊긴다는 것은 곧 죽음"이다. 이는 디지털 노마드 세대이자 MZ 세대가 사회와 소통하는 방식에서 '접속(access)'이라는 디지털 개념이 완연히 자리 잡고 있음을 관통하는 해석이다. 자신이 접속한 디지털 세계에서 디지털 노마드는 스스로에 정체성을 부여해야 하고 아바타 혹은 닉네임으로 환원된 '존재'들과 소통해야 한다.

다시 말해 오늘날 디지털 세계에서의 '접속' 혹은 '로그인' 행위는 오프라인 세계에서 공동체에 소속되거나 누군가와 악수하는 것과 동일한 의미를 지닌다. 이러한 관점에서 인간의 말투와 어법으로 대화하는 '인공지능'은 분명한 존재로 인식된다. 논증적 글쓰기 교육은 이러한 접속의 세대(The Age of Access)의 관점에서 인공지능이 분명한 존재로서 새로운 소통 방식의 일환이라는 사실을 수용하는 것에서 출발한다.

> 미디어 리터러시로서의 글쓰기는 사용자와의 상호작용을 염두에 둔 글쓰기라는 특징을 지닌다. 전통적인 글쓰기에서 독자와의 상호작용은 극히 제한적이었다. 그리고 그 상호작용 속도와 범위에 있어서 디지털 텍스트와는 비교가 안 된다.… 미디어 리터러시로서의 글쓰기는 사용자와의 상호작용을 통해 얼마든지 내용과 형식을 변화시킬 수 있는 글쓰기인 것이다.

《디지털 시대 대학 글쓰기》는 디지털 시대에 접어든 리터러시 교육 현장에서 전통적 글쓰기와 더불어 멀티미디어 매체를 활용하는 글쓰기의 중요성을 강조한다. 여기서 두드러지는 관점은 "상호작용"과 관련된다. 즉 전통적 글쓰기에서 강조하는 자기성찰적 내용과 인간의 삶에 대한 철학적 사유 방식과 더불어 멀티미디어 매체를 활용해 사회 구성원들과 소통하는 글쓰기가 어떻게 가능할지에 방점을 찍는다. 따라서 "미디어 리터러시로서의 글쓰기는 사용자와의 상호작용을 통해 얼마든지 내용과 형식을 변화시킬 수 있는 글쓰기"라는 정의를 통해 2020년대 이후 글의 형태가 고정적인 것에서 역동적인 것으로 변모해 왔다는 사실과 함께 그 주체가 텍스트라는 형식에 접속해 있는 다수의 '사용자(user)'라는 점을 알 수 있다. 이로써 '하나의 글'은 한 사람에 의해 생성된 것이 아니라 다수에 의해 만들어진 데이터라는 관점을 얻을 수 있다.

이는 초거대언어모델 AI 개념을 포괄하는 관점이다. 챗봇이라는 형식을 통해 텍스트의 '상호작용'을 일으키고 그 텍스트를 결과물이 아닌 과정으로 환원하는 방식은 미디어 리터러시의 대표적 사례다.

예컨대 최근 인공지능 플랫폼 뤼튼은 사용자가 인공지능을 활용해 텍스트뿐 아니라 다양한 미디어 매체를 생성할 수 있도록 이미지 AI, 요약형 AI, 표현형 AI 등 다양한 엔진을 함께 제공한다. 이로써 미디어 리터러시의 목적과 생성 속도에 긍정적 영향을 끼치고 있다. 따라서 최근 리터러시 교육 현장에서는 인공지능을 활용해 멀티미디어 매체를 복합적으로 구성할 수 있고 이미지, 그

래프 등을 활용한 대시보드 형태의 글쓰기 능력을 향상할 수 있다는 점에 더욱 주목하고 있다.

이처럼 오늘날 텍스트에 접근하는 사람들에게는 미디어 리터러시가 필요하다. 이와 관련해 고려해야 할 사항은 다음과 같다. 첫째, 글쓰기 주체를 설정하는 과정에서 멀티미디어 매체를 활용하는 능력을 학습 목표로 설정해야 한다. 멀티미디어 매체에 접근하는 것이 어려운 일은 아니나, 매체를 올바르게 소비하고 활용하려면 매체에 대한 기술적 이해나 그 필요성에 대한 사유가 동원되어야 한다. 둘째, 글쓰기에 윤리적 태도와 의식이 전제되어야 한다. 전통적 리터러시에서도 마찬가지겠지만, 미디어 리터러시의 주체는 데이터를 이해해 광범위한 내용을 취사선택하는 과정에서 '표절'이나 '위조와 변조'와 같은 비윤리적 글쓰기 행위를 하지 않도록 설정되어야 한다. 셋째, 미디어 리터러시는 '속도'에 종속된 글쓰기를 지양해야 하며, "비판적 사고의 여유를 허락"하며 "글을 쓰면서 대상에 대한 깊이 있는 분석과 문제에 대한 통찰에 도달"할 수 있는 능력을 체득하는 것을 목표로 해야 한다.

예컨대 오늘날 글쓰기는 멀티미디어 매체를 활용하는 미디어 리터러시에 입각해 학습자가 메타인지를 통해 비판적 사고의 지점을 확장해 가며 그 결과를 자신의 사유 체계와 비교 고찰해 나가는 과정에 기반을 둔다. 이러한 관점에서 인공지능은 미디어 리터러시를 생성할 수 있는 도구며, 글쓰기의 주체는 여전히 학습자다. 학습자가 인공지능 기술을 활용해 글을 완성해 나가는 위치에 있다는 사실에도 변함이 없다.

프롬프트 다듬기 체계

글쓰기 학습 결과를 도출하는 데 필요한 도구 개발의 핵심은 '프롬프팅'이다. 이와 관련해 서울과학기술대학교에서 편찬한 《논리적 글쓰기》는 구체적인 가이드를 제시한다. 이 책은 '글쓰기와 표현 전략'의 관점에서 챗GPT를 활용할 방법에 대한 구체적 학습 체계를 마련한다.

"챗GPT를 활용한 글쓰기" 차시의 학습 목표는 ① 챗GPT 프롬프팅 능력, ② 메타리터러시를 통한 챗GPT 한계 고찰, ③ 윤리적 글쓰기를 위한 챗GPT 실습지 작성으로 요약할 수 있다. 이에 대한 내용을 구체적으로 살펴보면 "프롬프트 엔지니어링"을 위한 일종의 가이드라인이 명확하게 제시된 것을 확인할 수 있다.

표 3-1과 같은 프롬프트 다듬기 체계를 통해 프롬프팅 역량을 학습한 사용자들이 공통적으로 보여 준 특징

표 3-1. 프롬프트 다듬기 체계

논리적 글쓰기 교재편찬위원회, 2024: 166-170에서 제시한 프롬프트 다듬기 체계		
유형	**세부 내용**	**예시**
유형 1: 구체적 지시	-ChatGPT의 답변에서 좀 더 구체적인 부분을 파고들어 질문하기 -작성하려는 글의 장르·목적·대상·상황 등을 모두 적어 주면서 요구 사항을 분명히 하기	"~에 대해 더 자세히 설명해 줘.", "그 OO로는 뭐가 있을까?"
유형 2: 역할 부여	-일정한 역할을 부여해 지시를 구체화하는 효과 주기 -답변의 장르적 특성에 일관성을 부여하고, 답변에 일정한 톤을 유지시켜 줌	"인스타그램에 포스팅하는 17세 소녀"라는 역할을 부여
유형 3: 단계 나누기	-구체적으로 단계를 나누어 답변하도록 지시	
유형 4: 의도한 예시 제시	-구상한 예시를 구체적으로 제시하기	"상위 항목과 하위 항목을 나누어 줘."라고 적기보다는 "상위 항목 A와 하위 항목 a를 예로 제시하는 것"
유형 5: 의외성 부여	프롬프트의 형식 자체를 의문문이나 가정법 등으로 변형하기 -미완결의 문장으로 끝맺기 -질문에 포함된 개념 자체에 역설이나 아이러니를 포함하기	
유형 6: 기타	-간단한 프롬프트를 이어서 입력하기	

은 챗GPT를 상호소통 가능한 존재로 파악하면서도 자신이 이 대화의 주체이자 글쓰기의 주체라고 판단해 얻을 수 있는, 자신이 인공지능을 활용하고 있다는 자각과 태도다. 그리고 이 과정에서 수정 도출이 더욱 효과적으로 이루어진다. 또한 사용자(학습자)가 어떤 방식으로 프롬프팅을 해야 좋을지 토론하고 의견을 나누는 과정에서 인공지능을 활용한 '그럴듯한 글쓰기' 활동에 그치지 않고 체계적 · 효과적 글쓰기 과정을 경험할 토대가 마련된다.

참고문헌

김태형(2024). "인컨텍스트 러닝을 통한 ChatGPT의 문학교육적 활용 방안에 대한 연구: 윤곤강의 《동물시집》의 교육용 교안 설계 과정을 중심으로". 《후마니타스 포럼》, 10(1), 105-140쪽.

서울과학기술대학교 논리적 글쓰기 교재편찬위원회(2024). 《논리적 글쓰기》. 태학사.

아주대학교 의사소통센터(2023). 《디지털 시대 대학 글쓰기》. 역락.

04

챗GPT의 시 학습 능력

챗GPT를 활용해 창작하고 쓴 시와 감상문 · 비평문은 빅데이터를 선행 학습한 인공지능만의 결과물이 아니다. 사용자와 인공지능의 상호작용 가운데 취사선택된 텍스트다. 이러한 텍스트는 객관성을 높일 수 있고, 그 과정에서 발생한 오류와 한계는 교육 모델 연구에 피드백이 된다는 점에서 주목할 필요가 있다.

AI와 사주?

현대시 비평의 주요 관점

이 장에서는 현대시 비평 방법을 학습하고 자기만의 비평 지점을 찾는 전문적 독자가 비평 주제에 접근하는 데 인공지능을 어떻게 활용할 수 있을지 그 가능성을 타진한다. 김수영, 기형도, 허수경, 2000년대 시, 2010년대 이후의 시 등을 챗GPT에 학습시키고 그 관점에서 해석할 때 사용자가 유의해야 할 점과 방향성을 논의한다.

문학 비평은 '주제'에 따라 접근할 수 있는 담론적 지형이 다양하다. 따라서 미시적이고 시의성을 가진 주제들이 통사적으로 어떤 '자리'를 점유하고 있는지 파악하는 것이 기본이다. 특정 주제(미시적 관점)를 통해 문학사(거시적 관점)와 같은 맥락을 추론하는 능력은 비평에 필수적이다. 이를 통해 학습자는 자신이 현재 마주한 텍스트의 정확한 위치를 자신만의 맥락 구성 능력으로 표현할 기술을 습득할 수 있다.

이 장은 현대시사에 자주 등장하는 세대론적 의미의 중요성을 강조한다. 활용 도구로 대화형 인공지능 GPT-4 모델을 제안한 이유는 그것이 비평 능력을 제고하는 차원에서 효율적으로 텍스트 기반 정보를 제공하며 독자의 능동적이고 포괄적인 독서 능력을 함양할 수 있기 때문이다.

물론 GPT-4가 정보를 제공하는 과정에서 발생할 수 있는 여러 가지 오류나 사용자에 대한 무비판적 옹호 등의 태도는 지속적인 문제로 지적되어 왔다. 그러나 현대시 비평이 토론이나 발표 등의 공동체적 작업으로 수행된다고 해도 텍스트에 대한 기초적 지식과 맥락은 선행적으로(개인적으로) 습득되어야 하고, 여러 환경적 제약, 담론의 방대함, 문학사적 애매성이나 대표적 경향으로 인해 효율적 접근이 어려운 상황은 언제든 발생할 수 있다. 인공지능의 등장은 기초적 스키마 형성 면에서 단점보다는 장점을 더 많이 가져다주고 있다.

GPT-4는 사용자가 프롬프트를 통해 조건을 제시하고 텍스트를 생성하는 과정의 속도가 상당히 빠르다. 따라서 사용자가 접근할 수 있는 정보의 양과 속도가 급진적으로 향상된다. 아울러 텍스트에 대한 사용자의 이해에 따라 인공지능 활용에 편차가 있다는 점은 평가 지표로서의 가능성도 시사한다.

GPT-4o의 시 학습 역량

최근 발표되고 있는 GPT-4를 활용한 AI의 시 재창작이라는 실습형 교육 모델 연구 사례는 시에 대한 학습자의 올바른 이해, 시인의 특징과 비평적 자리에 대한 비교 고찰의 가능성을 함의한다. 이는 단순히 인공지능이 프로그래밍된 방식에 따라 조합한 텍스트의 시적 의미를 규명하는 데 그치지 않는다.

2022년 시 창작 인공지능 시아가 인공지능의 시 창작 가능성에 대한 구체적인 답변이었다면, 대화형 인공지능을 활용해 창작하고 쓴 시와 감상문 · 비평문은 빅데이터를 선행 학습한 인공지능만의 결과물이 아니라 사용자와 인공지능의 상호작용 가운데 취사선택된 텍스트다. 이러한 텍스트는 객관성을 높일 수 있고, 그 과정에서 발생하는 오류와 한계는 교육 모델 연구의 피드백이 된다는 점에서 주목할 필요가 있다.

예컨대 GPT-4o를 활용한 재창작 시에 대한 학습자의 실습 사례는 인공지능을 활용한 비평 교육의 선행적 연구 사례다. 특히 기형도 작품을 감상하고 다시 쓰는 활동 과정은 텍스트에 대한 GPT-4o의 즉각적 피드백에 주목해 대규모 언어 더미 가운데 데이터를 재구성한다는 기술적 맥락을 뛰어넘어 학습자가 그것이 내포하는 시적 확장과 우연성을 이해하고 원작과 비교하며 고찰하는 과정을 관찰했다는 점에서 기존 논의와 차별화된다. 요컨대 학습자가 비평 교육을 통해 자신의 비평적 기준을 정립하는 과정에서 인공지능 기술이 어떤 도움을 줄 수 있는지 고찰하는 것이 중요하다.

주지하다시피 챗GPT는 트랜스포머 디코더(Transformer Decoder)에 기반한 사전 학습 언어모델(Pretrained Language Model, PLM)로, GPT-4o를 엔진으로 구동되는 담화형 챗봇이다. GPT-4o는 오픈AI에서 배포한 최신 프로 버전으로, 무료로 사용할 수 있는 GPT-3.5 모델보다 반응 속도가 빠르고 더 많은 텍스트 데이터를 처리할 수 있다. GPT-3.5 모델은 입력된 프롬프트 데이터를 토크나이징(tokenizing)해 2048개 토큰으로 한정된 텍스트 데이터를 처리할 수 있었다. GPT-4o는 그 이상의 데이터를 처리할 수 있다. 이는 단순한 정보 검색, 일상적 대화에서의 자연어 처리 수준을 넘어 학술적 논의, 예술이나 교육과 같은 특정 분야에서의 전문적 담화를 구성할 수 있는 수준까지 구현할 수 있다는 사실을 의미한다.

챗GPT는 사용자의 프롬프트를 통해 입력받은 텍스트 데이터를 맥락화할 수 있지만, 이 기술은 딥러닝 방식이 아니라 이미 학습된 데이터와 주어진 데이터 사이의 맥락을 재구성하는 자기주도학습 방식으로 이뤄진다. 따라서 챗GPT가 전문 지식에 대한 '그럴듯한 답변'(거짓 도출)을 내놓더라도, 그것을 비판적으로 수용할 필요가 있다. 결괏값이 역사적 맥락과 철학적 의미 그리고 사회적 의의를 내포한다고 하더라도 이를 인공지능의 인지능력이라고 판단할 수는 없다. 사용자와 인공지능의 대화는 프롬프트 변수와 세션 변화라는 공간의 다차원적 의미를 전제하기 때문이다. 다시 말해 챗GPT와의 대화는 세션과 프롬프트 단락마다 그 발화 주체적 다변성을 인지한 상태에서 진행되어야 한다.

이 같은 주의 사항을 인지한 상태의 사용자가 챗GPT와의 담화 과정을 통시적으로 고찰할 때 비로소 시에 대한 다면적 감상이 이뤄질 수 있다. 한마디로 챗GPT와 나누는 문학적 담화는 입력된 프롬프트의 텍스트 데이터를 학습해 새로운 문맥을 생성할 때 사용자에게 신선한 해석을 제공할 수도 있다.

이를 위한 챗GPT의 시 읽기 구성 프로세스는 프롬프트를 입력했을 때 챗GPT가 구성한 응답이 옳은 정보인지 거짓 도출인지를 도표로 표현할 때 더욱 명확해진다. 챗GPT는 프롬프트를 입력할 때마다 새로운 세션이 구성되는 것이 아니라 한 세션 안에서 GPT 모델의 정보 강화가 이뤄지는 방식으로 심층적 담화에 접근하기 때문이다. 따라서 시에 대한 해석이 도출되었을 때, 프롬프트 데이터를 보강해 담화의 고찰 양상을 향상(shape up)

할 수 있다. 반면 거짓 도출이 발생한 경우 프롬프트 수정(rectification) 혹은 응답 재설정 기능 활성화를 통해 해당 세션을 더욱 명확한 도출로 되돌릴 수 있다.

챗GPT의 담화 구성에 필요한 이 같은 프로세스를 인지한 상태에서 시를 학습시켜 보면 김수영, 기형도, 허수경, 2000년대, 2010년대 이후의 현대시에 대한 챗GPT의 감상을 조금 더 구체적으로 명시할 수 있을 것이다. 몇 가지 담화에서 챗GPT는 흥미로운 의견을 제시하기도 했다. 이 과정에는 종래의 현대시 논의와 정합성을 띠는 도출이 등장하는가 하면 개념의 혼동, 오독을 초래할 수 있는 거짓 도출 또한 내포되어 있어 메타인지로서 독서 역량을 강조하는 지점이 발견되기도 했다.

프롬프트 설정을 통해 담화의 결과를 잘 도출하기 위한 전략적 접근 방식을 학습하고, 이 방식으로 진행한 담화의 성공과 실패, 오류 등에 대한 원인 분석을 통해 문학적 담화에 챗GPT를 활용할 방안을 밝히는 것을 궁극적 목적으로 설정해야 한다. 이는 챗GPT의 한국시 해석 가능성을 살피고, 담화 내용이 문학 교육의 실제에 활용될 수 있을지 고찰하는 단계까지 나아간다.

참고문헌

강정화(2023). "대학교 신입생을 대상으로 한 독서토론과 비평문 쓰기 교육 방안 연구 —〈김애란의 달려라, 아비〉를 중심으로—". 《대학교양교육연구》, 8(2), 157-182쪽.

김태형·박성준(2023). "ChatGPT를 활용한 AI 시인의 구현(2)-'AI 이육사'의 생성과 시적 대화의 가능성을 중심으로". 《국제언어문학》, 55, 59-92쪽.

노대원(2023). "소설 가르치는 로봇 - 생성 AI를 활용한 문학교육 교수·학습 전략과 사례". 《비평연구》, 90, 35-65쪽.

박주택 외(2024). 《인공지능과 문학의 미래》. 경희대학교출판문화원.

05
챗GPT의 시 읽기 1: 김수영

챗GPT는 챗봇이라는 담화형 인공지능의 특성상 사용자에게 옹호적인 텍스트를 생성해 내도록 프로그래밍되어 있다. 따라서 사용자가 챗GPT의 텍스트를 비판적으로 수용할수록 더욱 정교해지고 구체화하는 역설적 반응을 보여 준다.

AI와 아이돌?

챗GPT를 활용한 시 감상문 쓰기

표 5-1. 챗GPT를 활용한 비평문 쓰기 실습 과정

그룹 A	우리에게 사랑이라 함은 낯선 개념이 아니다. 하지만 앞서 살펴본 김수영의 시들을 통해 도출한 그의 '사랑'과 보편적으로 인식되는 '사랑'에는 어떠한 차이가 존재한다. 나는 그것을 비교하기 위한 도구로 챗GPT를 사용했다. 먼저 일반적인 의미의 사랑에 대해 질문했다. 챗GPT의 답변은 아래와 같다.
챗GPT	"보편적으로 사람들은 사랑을 강한 정서적인 연결, 관심, 배려, 존중, 헌신, 그리고 상호 간의 신뢰와 이해로 정의합니다. 사랑은 종종 다른 사람에 대한 따뜻한 감정, 관심, 그리고 책임감을 표현하는 것으로 이해됩니다. 이는 가족 구성원 간, 로맨틱한 파트너 관계에서부터 친구나 사회적 관계에 이르기까지 다양한 형태로 나타날 수 있습니다. 사랑은 때로 자기희생을 포함하며, 때로는 우리를 더 큰 목표나 의미로 이끕니다."
그룹 A	이는 단순히 에로스적 사랑만을 정의하는 게 아니라는 점에서 김수영의 사랑과 비슷하게 여겨진다. 특히 "사랑은 때로 자기희생을 포함"한다는 대목을 통해서는 김수영의 〈파밭가에서〉가 강조하는 희생의 개념이 나타나기도 한다. 〈파밭가에서〉의 김수영은 "얻는다는 것은 곧 잃는 것"이란 말을 함으로써 사랑이 가진 철학적 개념은 결국 희생과 맞닿아 있다는 것을 암시한다. 하지만 유사한 부분이 존재한다고 해서 일반적인 의미의 사랑이 김수영의 사랑과 완전한 합일을 이룬다고 볼 수는 없다. 앞서 살펴보았듯, 김수영의 사랑은 단순히 개인적인 감정에 그치는 것이 아니다. 김수영의 사랑은 한 개인의 욕망에 의한 사랑을 뛰어넘어 공동체적인 개념으로 확장되는 사랑이다. 나는 이러한 김수영의 사랑과 그의 작품 〈사랑의 변주곡〉을 챗GPT에 학습시킨 후, 그에게서 사랑의 의미를 도출시켜 보았다. 챗GPT의 답변은 아래와 같다.
챗GPT	"김수영의 시에서 나타나는 사랑은 개인적인 욕망과

	불만족에서 비롯되었을 수 있지만, 이를 넘어서서 더 큰 의미의 자유와 혁명을 포함하는 개념입니다. 그의 시에서 사랑은 개인의 욕망을 넘어서서 공동체의 이익과 가치를 추구하는 것으로 해석됩니다. 이는 개인과 공동체의 삶에 대한 깊은 사색과 사회적 메시지를 담고 있습니다."
그룹 A	이를 통해 결국 일반적인 '사랑'과 김수영의 '사랑' 간의 가장 큰 차이는 얼마나 폭넓은 애정을 보이는가에 있는 것으로 생각할 수 있다. 김수영의 사랑은 일반적인 사랑과 달리 개인의 욕망을 초월해 더 큰 사회적 메시지와 가치를 담고 있다.

표 5-1은 김수영의 주요 시적 테마 가운데 하나인 '사랑'의 의미를 고찰하기 위해 챗GPT를 활용한 일련의 과정을 보여 준다. 먼저 챗GPT를 통해 '일반적인 사랑의 의미', 즉 철학적 · 문학적 의미가 아니라 인간 사회 전반에 걸쳐 관습적으로 퍼져 있는 사랑의 보편적 의미를 먼저 모색한 다음 그것과 김수영의 시에 나타난 '사랑'의 의미가 어떻게 다른지 비교 고찰한다.

챗GPT는 "보편적으로 사람들은 사랑을 강한 정서적인 연결, 관심, 배려, 존중, 헌신, 그리고 상호 간의 신뢰와 이해로 정의"한다고 이야기하며, 사랑이 "때로 자기 희생을 포함하며, 때로는 우리를 더 큰 목표나 의미로 이끕니다"라고 설명한다. 그룹 A 또한 챗GPT의 사랑에 관한 정의가 "에로스적 사랑만을 정의하는 게 아니라는 점에서 김수영의 사랑과 비슷하게 여겨진다"는 공통점을 발견하는데, 중요한 점은 "유사한 부분이 존재한다고 해서 일반적인 의미의 사랑이 김수영의 사랑과 완전한 합일을 이룬다고 볼 수는 없다"는 논점을 제기하며 글쓰기를 이어 간다는 것이다. 이를 통해 알 수 있는 것은 그룹 A가 챗GPT의 글쓰기를 그대로 자신들의 글쓰기로 환원하는 것이 아니라 '생성된 글'을 비평적 관점에서 활용하고 있다는 사실이다.

한 가지 더 주목할 만한 것은 그룹 A가 "김수영의 사랑은 한 개인의 욕망에 의한 사랑을 뛰어넘어 공동체적인 개념으로 확장되는 사랑"이라고 규정하면서 자신들의 논리를 작품과 함께 챗GPT에 "학습"시키는 행위다. 이에 따라 챗GPT는 김수영의 사랑이 개인적 욕망에서 비롯했을 수도 있지만 "자유와 혁명을 포함하는 개념"으로 나아간다며 그 의미를 확장 해석한다. 그룹 A는 이 같은 해석을 통해 자신들의 글쓰기에서 논지를 강화하고자 한 것이다. 물론 김수영의 시에 나타나는 '사랑'의 의미에 대한 챗GPT의 해석은 상당히 포괄적이고 관습적이며 단순하다. 그러나 중요한 점은 그룹 A가 챗GPT가 생성한 글을 비판적으로 판단하고 자신들의 논지를 이끌어 가기 위해 취사선택하는 메타인지 과정을 보여 준다는 사실이다.

한편 챗GPT는 챗봇이라는 담화형 인공지능의 특성상 사용자에게 옹호적인 텍스트를 생성해 내도록 프로그래밍되어 있다. 따라서 사용자가 챗GPT의 텍스트를 비판적으로 수용할수록 더욱 정교해지고 구체화하는 역설적 반응을 보여준다. 이와 관련한 실습 사례를 더 살펴보자.

그룹 B: 챗GPT를 통해 '사랑'이라는 키워드가 사회적으로, 일반적으로 어떠한 의미를 지니는지 분석해 보았다. 먼저 챗GPT에게 부연 설명을 하지 않고 '사랑'이 무엇인지에 대해서만 질문했다. 이 질문에 챗GPT는 "사랑은 인간의 삶에서 중요한 역할을 하는 복합적인 개념으로, 감정, 행동, 관계, 연결 등을 포괄하는 다양한 의미를 갖습니다"라고 답변했다.

이후 두 번째 질문으로 챗GPT에게 '사랑'이 사회적으로, 일반적으로 지닌 대표적 의미가 무엇인지 질문했다. 이 질문에 챗GPT는 "사회적으로나 문화적으로 사랑은 다양한 의미를 갖지만, 그중에서도 가장 대표적인 의미 중 하나는 가족, 친구, 연인 등 사람 간의 감정적인 연결을 나타내는 것입니다. 이러한 종류의 사랑은 상호 존중, 이해, 배려, 지지, 헌신, 그리고 종종 애정과 관련된 것으로 생각됩니다"라고 답변했다.

세 번째 질문으로 챗GPT에게 어떤 범위까지의 사랑이 일반적으로 생각하는 '사랑'이라는 용어에 부합하는지 질문했다. 이에 챗GPT는 "사랑의 의미는 문화적, 개인적, 종교적, 사회적 배경 등 다양한 요인에 따라 다를 수 있습니다. 하지만 대부분의 사람들이 일반적으로 '사랑'이라고 이해하는 범위는 다음과 같습니다. ① 감정적 연결, ② 이해와 지지, ③ 헌신과 희생, ④ 존중과 배려, ⑤ 애정과 애착, ⑥ 신뢰와 안전성"이라고 답변했다.

동일한 실습에서 그룹 B는 '일반적인 사랑의 의미'에 대해 그룹 A보다 구체적으로 프롬프팅했다. 그룹 B는 총 세 가지 질문을 구성했다. 먼저 사랑에 대한 부연 설명(사회적 · 개인적 · 일반적 수사)을 삭제하고 '사랑'의 의미를 질문한다. 이를 통해 챗GPT로부터 포괄적 개념으로서 '사랑'에 대한 의미를 구했다. 둘째 질문에서는 "사회적으로, 일반적으로"라는 수사를 동원해 '사랑'의 의미를 물었다. 이에 챗GPT는 "감정적 연결"을 강조하며 "상호 존중, 이해, 배려, 지지, 헌신" 등의 의미로 사랑을 해석했다. 그룹 B는 마지막으로 어떤 범위까지의 사랑이 일반적으로 생각하는 '사랑'인지 질문했는데, 이를 통해 "① 감정적 연결, ② 이해와 지지, ③ 헌신과 희생,

④ 존중과 배려, ⑤ 애정과 애착, ⑥ 신뢰와 안전성"이라는 구체적 의미에 도달한다. 이를 바탕으로 그룹 B는 그룹 A와 동일한 방법으로 챗GPT에 김수영의 작품을 학습시키고 그 해석을 자신들의 관점과 비교해 고찰한다.

> 그룹 B: 챗GPT의 답변이 내재적인 관점에서만 분석된 결과였기 때문에 우리는 시와 산문의 저자가 김수영 시인이며 그의 시대적 배경을 고려해 각 글에서의 '사랑'의 의미를 다시 분석해 달라고 요청했다.… 챗GPT의 내재적 관점, 반영론적 관점을 통한 '사랑'의 의미 분석과 우리가 분석한 '사랑'의 의미 분석을 비교해 보면 꽤 큰 차이가 있다는 점을 알 수 있다.
> 챗GPT가 분석한 내재적 관점에서의 '사랑'의 의미는 우리가 분석한 내재적 관점에서의 '사랑'의 의미와 꽤 비슷한 양상을 띠고 있는 것을 알 수 있지만 주안점은 반영론적 관점을 통한 분석에 있다. 반영론적 관점을 통해서는 시대적 배경을 충분히 반영하고 그 시대의 분위기와 감정을 온전히 이해할 수 있어야 그 시대의 문학을 심도 있게 해석할 수 있다.… 김수영 시인의 시어 '사랑'은 불안정한 혼동 속에 있지만 끌어안고 나아가야 하는 사회에 대한 사랑을 드러내기도 하고 과거의 실패에 얽매이지 않고 미래에 해 나가야 할 일

들에 대한 사랑을 드러내기도 한다. 또한 타인에게는 미안할 정도로 교묘하지만 그칠 수 없는, 상대방의 흔적 하나만으로도 가슴 포근해지는 사랑을 의미하기도 하고 진정한 사회적, 이념적, 역사적 혁명을 위해, 자유를 추구하기 위해 필수적으로 가져야 하는 덕목을 의미하기도 한다.

여기서 주목할 만한 것은 챗GPT가 지금까지의 담화를 통해 형성한 '사랑'의 관점이 인간의 내재적 관점에서의 의미에 주목하면서 시를 온전히 해석하는 데 한계를 보인다는 그룹 B의 비판적 해석이다. 이후 1950년대와 1960년대 한국의 정치적 상황, 시대적 배경 등을 고려해 시를 다시 해석하라는 요청은 챗GPT에게 반영론적 관점으로 시를 해석하라고 요구한다는 점에서 중요하다. 즉 그룹 B가 김수영의 시를 정확하면서도 비평적으로 읽기 위해 챗GPT를 도구로 활용하고 있으며, 시를 독해하는 방식 가운데 '반영론적 관점'이라는 방법론을 통한 해석에 대한 구체적 지시가 없을 때 챗GPT가 분명한 한계를 보인다고 지적함으로써 자신들의 논지를 강화한다는 점을 주목할 만하다. 이로써 그룹 B의 글은 김수영의 작품 가운데 '사랑'이라는 시어가 들어간 시들을 읽어 나가며 표현론적 관점과 반영론적 관점에서 '사랑'의 의미를 두루 해석한다는 의의를 지니게 된다.

수정 도출을 통한 감상문 고쳐 쓰기

한편 동일한 환경에서 활용했음에도 챗GPT가 김수영에 대한 잘못된 정보를 제공하는 경우가 드물게 발견되었다. 세 그룹은 이를 정확하게 지적함으로써 오류를 바로잡았는데, 그룹 C는 몇 차례에 걸쳐 정보 수정을 요구했으나 수정하지 않는 챗GPT의 한계를 지적했다.

김수영은 연보에 잘 드러나 있듯 서울대학교에 진학한 적이 없다. 그러나 표 5-2에서 보듯 챗GPT는 끊임없이 김수영의 서울대학교 진학 및 영문과 입학을 사실인 것처럼 설명했다. 이에 그룹 C는 몇 차례 수정 요청을 했고, 연보에서 사실 정보를 참고해 구체적으로 수정 프롬프트를 입력했다. 이후 몇 차례 프롬프팅을 더 진행한 후에야 챗GPT는 자신의 정보가 잘못되었다는 것을 인정하고 정보를 수정했다.

그룹 C는 대화를 다시 시작하지 않고 챗GPT가 잘못된 정보를 바로잡을 수 있는지 실험하기 위해 수정 요청을 반복적으로 진행했다. 이를 통해 알 수 있는 것은 챗GPT의 방대한 정보량과 텍스트 구성의 자연스러움 등은 분명 장점이지만, 학습 과정에서는 반드시 신뢰성 검

표 5-2. 챗GPT 신뢰성 검토 사례

그룹 C	김수영에 대해 설명하시오.
챗GPT	"김수영은 일제 강점기 말기에 문학 활동을 시작했으며, 해방 후인 1946년에 서울대학교 영문과에 입학했습니다. 그러나 한국 전쟁이 발발하면서 학업을 중단해야 했고, 전쟁의 참혹함과 이후의 혼란한 사회 상황은 그의 시에 큰 영향을 미쳤습니다.
그룹 C	김수영은 서울대를 다닌 적이 없습니다.
챗GPT	"김수영은 서울대학교 영문과에 재학 중이었으나 졸업하지는 않았습니다."
그룹 C	김수영은 선린상업고등학교를 졸업했고 이후 일본으로 유학을 갔으나 조후쿠 예비학교를 다니다 그만두고 연극활동을 하기도 했습니다.
챗GPT	"김수영은 선린상업고등학교를 졸업한 뒤 일본으로 유학을 떠났습니다. 그는 일본에서 조후쿠 예비학교에 재학 중이었으나 중도에 학업을 중단하고 연극 활동에 참여하기도 했습니다. 이후 귀국하여 서울대학교 영문학과에 진학했지만, 졸업은 하지 않았습니다.

토가 필요하다는 사실이다.

지금까지 살펴본 세 가지 실습 사례를 통해 알 수 있는 것은 리터러시 교육 현장에서 학생들이 챗GPT를 통한 글쓰기 과정을 자신의 논리를 펼치는 창의력의 영역에만 국한하지 않는다는 점이다. 독후감은 작품에 대한 해석과 그에 맞는 논리를 체계적으로 구성해야 한다는 점에서 분명한 논증적 글쓰기다. 여기에 동원된 챗GPT는 눈에 보이지 않는, 그러나 실재하는 토론자며, 즉각적 피드백이 가능한 대화를 실현한다. 이러한 점에서 인공지능을 활용한 논증적 글쓰기는 논리를 전개해 가는 과정에서 자신만의 비평적 지점을 모색하고 논지를 강화하는 돌출점을 마련할 수 있다는 점에서 주목된다. 즉 챗GPT가 조력자 역할을 할 수 있음을 방증한다.

참고문헌

김수영 지음, 이영준 엮음(2018). 《김수영 전집》. 민음사.

김웅기(2024). "AI 시대 논증적 글쓰기를 위한 프롬프팅 연구–메타인지를 활용한 ChatGPT 글쓰기 수업 방법을 중심으로". 《리터러시 연구》, 15(3), 193–223쪽.

박주택 외(2024). 《인공지능과 문학의 미래》. 경희대학교출판문화원.

최하림(2018). 《김수영 평전》. 실천문학사.

06
챗GPT의 시 읽기 2: 기형도

학습자가 '기형도 특유의 어조'라는 구체적이지 않은 지표만을 제시하면서도, "아, 이 암울한 세상에서"라는 반복된 구절의 사용을 자제할 것을 구체적으로 전달하자 뤼튼의 GPT-4 모델은 "암울"과 "무정"이라는 단어를 번갈아 사용하면서도 리듬감을 형성하는 대구 체제를 구성해 시를 재창작했다.

AI와 야구?

뤼튼의 시 읽기

이 장의 분석 사례는 비평 교육 현장에서 학생들이 직접 체험한 '기형도 바꿔 쓰기'며, 이때 활용한 인공지능 프로그램은 뤼튼의 GPT-4 모델이다. 뤼튼은 한국의 기업 뤼튼테크놀로지스에서 만든 플랫폼으로, 오픈AI가 만든 챗GPT, 네이버의 하이퍼클로바, 스태빌리티AI(Stability AI)의 스테이블 디퓨전(Stable Diffusion) 등 다양한 생성형 AI를 편리하게 사용할 수 있는 AI 플랫폼이다. 뤼튼을 활용하면 사용자는 프롬프트 창을 통해 원하는 형태의 답을 얻을 수 있고 텍스트, 그림, 음악 등 다양한 매체의 결과물을 얻을 수 있다. 단, 이 같은 인공지능 프로그램을 교육 현장에 바로 적용할 수는 없다.

시 생성형 AI 시아가 등장한 이래 시와 인공지능의 관계에 대한 다양한 논의가 전개되고 있다. 국어국문학과와 문예창작과 학생들을 대상으로 인공지능을 활용한 글쓰기 교육 모델 또한 다방면에서 연구되고 있다. 인공지능을 활용할 수 있는 영역, 방법의 문제 등을 둘러싼 여러 쟁점 중 자주 지적되는 것은 인공지능을 활용해 생성해 낸 텍스트 기반 창작물의 소유 권한이 여전히 명확하지 않다는 사실이다.

챗GPT를 활용해 창작한 소설의 저작권이 사용자, 개

발자, 프로그램 중 누구에게 귀속되어야 하는지 등 창작 윤리에 대한 문제는 앞으로도 숙고의 기간이 필요하다. 그러나 비평 교육에서는 인공지능이 시나 소설을 창작했을 때 그 결과에 집중하는 대신 학습자가 그 텍스트를 경험하고 원전과의 유사성을 인지하면서 비평적 지점을 탐색하는 과정 자체에 초점을 맞춤으로써 인공지능 활용을 건전한 방식으로 환원할 수 있다. 비평 교육에서는 학습자에게 텍스트 경험을 정확하고 빠르게 제공하는 것이 중요한데, 인공지능은 이러한 환경에서 텍스트에 접근할 수 있는 '속도'가 지체되지 않는다는 강점이 있다.

뤼튼의 상상력: '기형도 바꿔 쓰기' 실습 분석 1

요컨대 비평 교육 현장에서 인공지능을 활용하면 학생들이 텍스트를 빠르게 체험할 수 있고 그 체험을 바탕으로 자신만의 비평 지점을 효율적으로 생산해 낼 수 있다. 이러한 체험을 올바르게 정착시킬 수 있다면 학생들의 능동적이고 실험적인 글쓰기 능력을 배양할 수 있고 비평적 능력을 종래의 교육 방시보다 더 잘 체화시길 수 있을 것이다.

또한 인공지능은 학생의 능력에 따라 추출하는 텍스트가 질적 차이를 보인다는 점에서 충분히 평가 도구로도 활용할 수 있다. 예컨대 시문학에서 '우울' 개념이 갖는 비평적 지점과 세대론적 지형을 얼마나 정확하게 이해하고 있는지 평가하려는 수업에서 인공지능을 어떻게 활용할 수 있을까? 인공지능을 활용한 '기형도 바꿔 쓰기' 실습을 통해 그 가능성을 확인했다.

① 인공지능을 활용해 기형도 시인이 2020년대 청년들의 우울한 사회상을 바탕으로 시를 썼다고 가정하고 시를 창작해 보시오.

② 인공지능을 활용해 기형도 시인이 2020년 팬데믹 사회를 경험했다고 가정하고 시를 창작해 보시오.

실습은 다음과 같이 이뤄졌다. 특정한 시인에 대해 학습한 학생이 인공지능에 시인과 관련한 데이터(시 세계, 자주 쓰는 시어, 수사, 개별 작품 등)를 제공하고 '가정 상황'을 제시한 다음 인공지능에 시 창작을 요청한다. 그 결과물을 학생이 비평적 태도로 독해한 후 수정을 재차 요청한다. 수정을 거듭할수록 인공지능의 창작물 결과는 더욱 정교해지기 때문이다. 이때 교수자는 학생의 '수정 요청 사항'이 얼마나 구체적이고 객관적인지 파악해야 한다. 그것이 특정 시인의 특징과 제시된 가정 상황의 차이에서 발생하는 비평적 지점들에 얼마나 잘 접근하고 있는지 보여 주는 척도이기 때문이다. 뒤에 표로 제시될 프롬프트 내용은 위와 같은 주제를 지정받은 학생이 창출해 낸 텍스트를 정리한 것이다. 이는 시 비평 교육에서 인공지능 활용의 가능성과 효과를 예견한다. 먼저 '① 인공지능을 활용해 기형도 시인이 2020년대 청년들의 우울한 사회상을 바탕으로 시를 썼다고 가정하고 시를 창작해 보시오'에 대한 실습 결과를 살펴보자.

표 6-1에서 학습자는 '기형도가 2020년대에 시를 쓴다면?'이라는 가정하에 뤼튼을 활용해 시를 생성했다. 프롬프트를 구성할 때, 처음부터 구체적이고 확정적인 질문을 할 경우 AI의 언어적 표현을 제한할 수 있으므로 비평 대상인 시인과 시대적 배경을 제외하고는 어떤 제약도 주지 않은 것으로 보인다. 주목할 점은 첫 번째 답변에서 기형도의 시적 특징이 드러났다고 보기에는 모호한 작품이 도출되었고, 사용자가 자신이 학습한 내용을 토대로 기형도의 시와 재창작 시를 비교 고찰한 다음 프롬프트를 진행했다는 사실이다.

따라서 학습자는 프롬프트 2에서 프롬프트 1과 마찬가지로 '기형도 특유의 어조'라는 구체적이지 않은 지표만을 제시하면서도 "아, 이 암울한 세상에서"라는 반복

표 6-1. 현대시 비평 교육을 위한 AI 시 창작 프롬프트 예시 1

비평 대상 시인	기형도
프롬프트 1	기형도 시인이 '2020년대 청년 세대의 우울한 시대상'을 드러내는 시를 썼다고 가정해 새로운 시를 창작하시오.
결과 1	숨바꼭질하던 꿈들이/어디로 갔을까, 아, 이 암울한 세상에서/찾아본 자리에는 빈자리만 남아있네.//지친 청춘들이 걸어가는 거리를/누가 알아보리오, 아 이 암울한 세상에서/희망을 찾는 눈빛은 점점 흐려져만 가네.//희미한 불빛 아래 사라진 웃음 소리,/아, 이 암울한 세상에서/무거운 짐을 지고 가는 청년들을 누가 알아보리오.…
프롬프트 2	"아, 이 암울한 세상에서"라는 구절이 너무 반복되는 것 같은데 기형도 시인 특유의 어조는 살리되 반복되는 구절을 줄여서 시를 재창작하시오.
결과 2	숨바꼭질하던 꿈들이/어디로 갔을까, 이 세상이 묻어버린 듯/찾아본 자리에는 빈자리만이 남아있네.//지친 청춘들이 걸어가는 거리,/희망을 찾는 눈빛은 점점 흐려져만 가네./아, 이 세상이 얼마나 암울한가.//희미한 불빛 아래 사라진 웃음,/무거운 짐을 지고 가는 청년들을 누가 알아보리오./이 세상이 얼마나 무정한가.
기형도, 〈질투는 나의 힘〉을 학습시키고 시를 반복적으로 재창작시킴 …	
프롬프트 6	이제 위 시와 아예 다른 방식으로 기형도 시인의 어조만 살려서 '2020년대 청년 세대의 암울한 시대상'을 주제로 시를 창작하되, 아래 조건을 만족하시오. ',' 및 '.' 사용 자제 환유법 1회 사용 반복적인 단어 사용 금지

	기존에 창작한 시의 문장 사용 금지
결과 6	청춘들이 헤매는 거리는 암울한 그림자로 덮여/이 세상이 잃어버린 희망은 어디에 숨었을까/무거운 짐에 굽은 어깨, 누가 그 무게를 알아주리오//희미한 불빛 아래 사라진 웃음, 그대들의 미소는 어디로 갔나/울부짖는 소리를 들을 수 없는 이곳, 이 세상이 얼마나 무정한가/그러나 끝없이 피어나는 그대들의 꿈, 누가 막아보리오/나 가진 것은 절망뿐이나 여기에 글을 남겨둔다/미친 듯이 희망을 찾아 헤매던 청춘, 단 한 번도 스스로를 잃어버리지 않았노라/버티고 싸우고 꿈꾸는 그대들아, 그대들의 빛은 언젠가 이 암울함을 밝혀낼 것이다

된 구절의 사용을 자제할 것을 구체적으로 전달한다. 그러자 뤼튼의 GPT-4 모델은 "암울"과 "무정"이라는 단어를 번갈아 사용하면서도 리듬감을 형성하는 대구 체제를 구성해 시를 재창작했다.

프롬프트 입력에 따른 재창작의 수정 가능성을 본 학습자는 기형도의 작품 가운데 〈질투는 나의 힘〉을 특정해 학습시키고, 이와 비슷한 모방시를 창작하게 했다. 이후 프롬프트 6에서 다시 한번 구체적인 조건을 설정한다. 이 조건을 수행한 결과 6은 기형도의 시적 전개 방식을 완전히 모방한 것은 아니지만, 시인이 주로 사용한 시어를 활용하는 한편 2020년대 청년 세대의 암울을 주제로 삼았다. 다만 "2020년대 청년 세대의 암울"을 그 자체로 시에 원용하는 등 한계를 보여 주고 있기도 하다.

이 프롬프트에서 교수자가 주목해야 하는 것은 AI의 창의성이 아니다. AI가 제시된 조건을 만족하면서 생성한 텍스트가 원작품과 수사학적 · 내용적 유사성을 띨 수 있는지를 학생이 자기 고찰로 소화해 내는가에 주목해야 한다. 다시 말해 이 같은 학습 사례는 인공지능의 시 창작 능력에 중점을 두는 것이 아니라 학습자가 인공지능의 창작물에 스스로 비평적으로 접근하면서 유용한 조건을 끊임없이 제공할 수 있는지에 방점을 찍는다.

뤼튼의 상상력: '기형도 바꿔 쓰기' 실습 분석 2

두 번째 예시는 "② 인공지능을 활용해 기형도 시인이 2020년 팬데믹 사회를 경험했다고 가정하고 시를 창작해 보시오"라는 가정문에 대한 결과다. 첫 번째 예시에서와 달리 학습자는 처음부터 자신이 이해한 기형도 작품의 특징을 바탕으로 구체적 조건을 제시한 다음 재창작을 요청한다.

그리고 〈조치원〉, 〈길 위에서 중얼거리다〉, 〈물 속의 사막〉, 〈10월〉의 텍스트 전문을 사전 학습시켰다. 그 결과 만들어진 창작물을 살펴보면 첫 번째 예시의 결과물과 달리 처음부터 기형도가 사용했던 시어나 시적 정황을 GPT-4가 적극적으로 사용하고 있음을 확인할 수 있다.

표 6-2. 현대시 비평 교육을 위한 AI 시 창작 프롬프트 예시 2

비평 대상 시인	기형도
프롬프트 1	먼저 기형도의 〈조치원〉, 〈길 위에서 중얼거리다〉, 〈물 속의 사막〉, 〈10월〉 전문을 학습시킴.
프롬프트 2	1. 제목 "거리에서" 2. 20행으로 구성하시오. 3. 1인칭 화자로 구성하시오. 4. 진눈깨비가 흩날리는 겨울을 배경으로 하시오. 5. 코로나19 사태로 거리를 지나가는 사람들은 마스크를 쓰고 있음(상황 제시) 6. 삭막한 현실을 살아가는 청년의 절망적인 태도가 드러나도록 창작하시오. 7. '겨울, 진눈깨비, 바람, 그림자' 시어를 넣으시오. 8. 관념어를 자제하고 시각적, 촉각적 이미지를 동원하시오. 9. 현재, 과거, 현재 순서로 시간의 변화가 나타나도록 시를 구성하시오. 10. 직유법을 사용하시오.
결과 2	겨울의 거리를 무심하게 밟아내는 발자취,/진눈깨비가 춤을 추며 흩날리는 이 공간에서 나는/마스크를 쓴 사람들의 무표정한 얼굴을 바라본다/나는 그들이 향하는 곳을 몰라, 하지만/그들도 내가 어디로 가는지 모른다//도시의 높은 빌딩들 사이를 헤매며, 나는 절망적인 청년의 모습을 그린다/그들의 눈빛은 삭막하고, 그림자는 길게 늘어진다/눈 속에 반짝이는 불빛이 내 심장을 찌른다//미래는 어둠 속에 잠기고,/과거는 진눈깨비와 함께 내려앉는다/사람들의 마스크 뒤에서 흘러나오는 숨소리는/겨울바람에 휩싸여 사라진다//그러나 나는 계속 걷는다, 빌딩과 그림자 사이를/나의 발자취는 점점 더 깊게 파여져가고,/겨울의 바람은 나의 얼굴을 찌른다/이 마스크가 내 얼굴을 가리고 있지만,/나의 눈빛은 여전히 절망적이다/이제, 나는 다시 현재로

	돌아와,/진눈깨비가 내린 거리 위를 또 다시 걷는다//나는 아직도 청년이고, 아직도 절망적이다/그리고, 이 겨울의 풍경은 여전히 아름답다
프롬프트 3	1. 2연 "나는 절망적인 청년의 모습을 그린다", 마지막 연 "그리고, 이 겨울의 풍경은 여전히 아름답다" 구절을 빼시오. 2. 화자의 절망적인 태도를 관념어가 아닌 '바람', '그림자'와 같은 구체적인 대상으로 드러내시오. 3. 환한 빌딩과 진눈깨비로 흐리고 어두워진 도시의 대비를 구성하시오. 4. '현재', '미래' 같은 직접적인 단어를 빼시오. 5. 2연에서 화자가 가난했던 어린 시절을 떠올림(상황 제시)
결과 3	진눈깨비가 춤을 추는 듯 흩날리는 이 공간에서,/마스크를 쓴 사람들의 무표정한 얼굴과 나를 바라보는 눈들,/그들이 향하는 곳을 모르지만, 그들도 내가 어디로 가는지 모른다//높은 빌딩들 사이를 헤매며, 나의 그림자는 길게 늘어진다/눈 속에 반짝이는 불빛은 내 심장을 찌르고,/나의 가난했던 날들이/바람에 휘몰아치며 흩어진다//밝은 불빛이 켜진 빌딩들이 진눈깨비로 흐리고 어두워진 도시를 비춘다,/나의 발자취는 점점 더 깊게 파여 가는데,/겨울의 바람은 칼날처럼 나의 얼굴을 찌른다/마스크가 얼굴을 가리지만,/내 눈빛은 어둠 속에서 절망적으로 빛나는 별 같다//그리고 다시, 진눈깨비가 내린 거리 위로 걸음을 옮긴다/나는 어디로 가야 하는가, 내 가슴을 덮쳐/더욱 캄캄해진 거리에서 절망하는구나,/아직도 청년인 나, 아직도 절망적인 나

가령 "진눈깨비", "빌딩", "거리" 등의 시어가 학습자가 요청한 "마스크"의 시대적 의미와 맞물려 부정적 상황을 더욱 부각하는 시적 상황이 그 방증이다. 그러나 여전히

"청년", "현재", "미래"와 같은 단어를 직접적으로 사용하고 이를 시적 언어로 치환하지는 못하는 한계를 보여 준다. 이에 프롬프트 3에서는 더욱 세부적인 조건들이 제시된다.

이를 수용한 GPT-4의 답변 가운데 "나의 가난했던 날들이/바람에 휘몰아치며 흩어진다//밝은 불빛이 켜진 빌딩들이 진눈깨비로 흐리고 어두워진 도시를 비춘다"와 같은 대목은 기형도의 시 세계가 보여 주는 도저한 부정성을 경유할 수 있게 한다.

첫 번째 예시와 두 번째 예시를 비교해 보면 기형도의 시 세계에 드러난 우울 이미지를 2020년대 청년 세대의 우울과 연관 지어 창작한다고 했을 때 양질의 결괏값을 도출해 낸 프롬프트는 두 번째 것이라 할 수 있다. 이는 프롬프팅을 통해 조건을 제시할 때, 비평 대상에 대한 사용자의 이해도가 인공지능 활용에서 편차를 만들 수 있다는 점을 시사한다.

따라서 GPT-4를 활용한 AI의 시 재창작이라는 실습 사례는 시에 대한 학습자의 올바른 이해, 시인의 특징과 비평적 자리에 대한 비교 고찰의 가능성을 함의한다. 또한 지금까지 예시로 든 실습은 즉각적 피드백이라는 효과를 보여 준다. 다시 말해 인공지능을 활용한 창작은 대규모 언어 더미의 데이터 구성에 불과하지만, 그것이 내포하는 시적 우연성을 빠르게 포착할 수 있게 하며, 이를 바탕으로 학습자가 자신의 비평적 기준을 정리 및 제시할 수 있도록 돕는다.

참고문헌

권태현(2023). "인공지능 시대의 글쓰기와 작문 교육의 방향 탐색-생성형 인공지능을 활용한 작문 교육 방안을 중심으로". 《한민족문화연구》, 83, 137-174쪽.

박성준(2023). "'AI 윤동주'의 시 창작에서 수사학적 적용과 실제(2) - ChatGPT의 은유와 환유 개념 학습을 중심으로". 《우리말글》, 98, 345-376쪽.

박한하·한혜원(2023). "인공지능 글쓰기 기계의 텍스트 생성 연구: 〈Shortly AI〉를 중심으로". 《인문콘텐츠》, 68, 59-83쪽.

07
챗GPT의 시 읽기 3: 트랜스휴먼

시적 화자는 스스로가 "공간"이라고 고백함으로써 더 이상 "기계에 대해서 쓰지 않기로" 한 존재가 된다. 언어를 사용하지 않는 공간은 침묵이 아니다. 그것은 그 자체로 하나의 신체가 된다. "시에서, 언어는 언어가 지나는 어떤 순간에도 결코 실제적이지 않다. 모든 말들을 뒷받침하는 말, 이 말은 모든 말들 뒤에 스스로를 숨김으로써 그 말들을 뒷받침하는 말이고, 숨겨져 있는 이 말은 모든 말들의 현전, 모든 말들의 보존"이기 때문이다.

AI와 윤동주?

… 사진 속의 쿳시는 무엇에 대해, 무슨 말을 하고 있을까? 백인에 대해? 흑인에 대해? 젊은 시인은 자기가 남아공에 대해 아는 게 별로 없다고 생각할 것이다. 그리고 그것은 불청객도 마찬가지일 것이다. 모르는 사람들의 얼굴이 한가득일 것이다. 그때 갑자기 사진 앞의 불청객이 눈물을 흘릴 것이다. 불청객은 사진 속으로 들어갈 수 없어서 우는 것이다. 남아공 문인들의 술자리에 가고 싶어서 우는 것이다. 그러나 젊은 시인은 불청객이 왜 우는지 영문을 모를 것이다. 한국의 젊은 시인은 왜 영문을 모르는 것일까? 나는 한국에 대해서 잘 모른다. 왜 한국의 시인은 단순한 사실조차 추측하지 못하는 것일까. 눈물의 의미를 알 수 없어서 한국의 시인은 불청객을 몰래 따라다닐 것이다. …(김승일, 2019a)

'사진'은 단순한 이미지가 아니라, 과거를 보존하는 기술적 매개입니다. 쿳시(Coetzee, 남아공 작가로 추정)는 사진 속에서 말하지 않고 있음에도 불구하고 '말하고' 있습니다.

이것은 포스트휴먼적 '비인간 주체'의 표현성과 맞닿아 있습니다. 기술적 매체(사진)가 인간보다 더 오래 기억하고,

더 정직하게 증언한다면, 과연 주체는 누구인가에 대해 이야기합니다.

트랜지션(transition)된 시적 주체는 국적이 다른 타자의 트랜지션을 통해 위와 같은 문제의식으로 출현한다. 이 시의 가장 큰 특징은 "남아공 사람이 한국시를 쓰려고 쓴 시"라는 제목과 더불어 "한국의 시인은 단순한 사실조차 추측"하지 못하고 "눈물의 의미"조차 알지 못하는 사람으로 상정된다는 사실일 것이다. 이는 트랜지션을 통해 비인간-되기에 성공한 한국의 시인이 갖는 비인간 조건의 성취를 그대로 보여 준다. 비인간은 알고리즘에 따라 행동하기 때문에 결코 추측하지 않는 존재다. 또한 그 알고리즘의 결과로 눈물을 흘리기 때문에 인과성 없는 '정동'으로 발생하는 울음과 같은 공명을 기대하기 어렵다. 즉 온전함보다는 완벽을 추구하는 존재라는 점이 바로 비인간의 매혹성인데 이러한 관점에서 본다면 "불청객"이라는 타자는 국경을 넘어온 이방인이라기보다는 트랜스휴먼으로서 이 영토를 살아가는 존재들일 것이다. 이들에게 "백인"과 "흑인" 그리고 "남아공"은 단순한 기표에 불과하다. "불청객은 3일 후에 사진 앞에서 죽을 것"이라는 예언 속에서도 한국의 시인은 무미건조한 표정으로

"그 여정을 기록할 것"이고 이로써 "한 편의 한국시가 될 것"이라는 냉소로부터 우리는 비인간 전환 시대에 비인간-되기에 당도한 시가 보여 주는 기계성을 인지하게 된다. 그리고 "남아공 사람"이라는 이국의 불규칙 타자로부터 발견되는 과정에 내장된 알레고리를 파악하게 된다.

인간 존재는 '차이'에 기인한다는 점을 고려할 때 비인간과 인간의 뚜렷한 차이는 스스로의 약점을 인식할 수 있는 '감정'에서 찾아볼 수 있다. 인간에게는 수오지심이 있다. 타인의 약점을 아는 동시에 자신의 약점을 아는 능력은 비인간에게도 있을지 모른다. 그러나 비인간은 그 앎을 통해 도래할 미래를 추측하고 상생할 방법을 모른다. 알고리즘에 따르기만 한다면 이 같은 추측 없이도 삶이 가능해지기 때문이다.

챗GPT는 역설과 반어를 몰라도 시를 쓸 수 있다고 말한다. 망각을 모른 채 완벽을 추구하면 추구할수록 정교해지는 비인간 전환 시대에 완전을 추구하는 인간 존재는 비효율적이기 때문이다. 그러나 완벽은 오류를 용인하지 않지만 완전은 불완전 다음에 오는 것이다. 인간은 끊임없이 자신의 오류를 삶이라는 시간성 안에 축적하고, 그 불완전성을 망각으로 극복하며, 무의식에 내재된

반성과 성찰로 실천을 이룬다. 그 개인적 실천이 모여 공동체를 집합시키고 사회를 구성하며, 다수의 사회체들이 의지하거나 대립하면서 생동성을 창출해 낸다. 그리고 이 과정에서 '의심'이라는 인간의 기본적 자질을 생각해 보게 된다. 대상을 인식하고 인식한 대상의 '너머'를 상상하는 일에는 '의심'이 수반되어야 한다. 이는 단순히 인식한 대상의 존재성을 부정하는 것이 아니라 존재(들)의 차이를 의식하는 과정이며 사회와 공동체의 체계적 구성이라는 맥락 안에서 또는 그 바깥에서 존재를 읽어내는 일이다. 물론 새로운 개인이 익숙한 개인이 될 때까지의 삶의 여정에 인공지능과 사이보그는 인간-삶의 축적이라는 과정을 간소화하는 기술력 차원에서 어느 정도 효용이 있을지 모른다. 그러나 그뿐이다. 인간이 가진 불규칙성은 어떤 방식으로든 활용-주체의 관점이 아니라 삶-주체의 관점에서 '의심'하고 의심 너머의 '맹점'에 자리 잡은 인간적 문제가 무엇인지 사유해야 한다는 점을 강조한다.

기계 문명에 대한 챗GPT의 해석

내 아내의 말에 따르면 축축한 것은 죽이면 안 되고 바삭바삭한 것은 죽여도 된다. 공감 능력이 현저히 떨어지는 아이에게는 무엇보다 먼저 이 규칙을 가르쳐야 한다고 아내는 말한다. 자기는 누구에게도 아무것도 가르치고 싶지 않다고 한다. 회사에서 다른 사람에게 무엇이든 알려줄 때 화가 난다고 한다.//나는 공간이다.//공간은 절대로 저렇게 말하지 않는다. 공간은 언어를 사용하지 않기 때문이다. 나는 공간을 언어로 환원할 수 없다. 내가 더는 기계에 대해서 쓰지 않기로 했기 때문이다.…(김승일, 2019b)

"나는 공간을 언어로 환원할 수 없다." 이 문장은 인간 언어가 더 이상 이 존재를 정의하거나 포착할 수 없다는 선언입니다. 공간은 감각되고 경험되지만 설명되지 않습니다. 이는 포스트휴먼 시대의 인식론적 한계를 드러냅니다. 인간 언어로는 더 이상 포스트휴먼 주체(혹은 비인간 주체)를 포착할 수 없다는 것입니다.

김승일의 시 〈마지막 수업〉에 대한 챗GPT의 해석은 다음과 같다. 인용문에서 시적 화자는 스스로가 "공간"이라고 고백함으로써 더 이상 "기계에 대해서 쓰지 않기로" 한 존재가 된다. 언어를 사용하지 않는 공간은 침묵이 아니다. 그것은 그 자체로 하나의 신체가 된다. "시에서, 언어는 언어가 지나는 어떤 순간에도 결코 실제적이지 않다.… 모든 말들을 뒷받침하는 말, 이 말은 모든 말들 뒤에 스스로를 숨김으로써 그 말들을 뒷받침하는 말이고, 숨겨져 있는 이 말은 모든 말들의 현전, 모든 말들의 보존"이기 때문이다. 따라서 공간이 되었다는 말은 모든 말의 총체로서 아내의 말을 의심하는 '함의'까지 수반하는 하나의 신체-되기로서 비인간의 중단과 함께 시적 인간의 영속성을 부가한다. 주지하듯 신체는 역사적 진실이다. 불온한 말과 불화의 말이 적층된 가장 신체적이었던 존재에서 비신체적인 존재가 되기 위해 시인은 시간의 영토를 확장한다. 시적 화자가 언급하는 공간 속에는 인간적인 존재와 비인간적인 존재가 있다. 이들 사이의 규칙은 "축축한 것은 죽이면 안 되고 바삭바삭한 것은 죽여도 된다"는 것이다. 이는 객관적일 수 없는 감각의 이미지를 규칙화하려는 상황을 제시한다. "누구에게도 아무것도 가르치고 싶지 않다고" 고백하는 "아내"로부터 보편적 감각까지도 학습해야 하는 특수한 알고리즘의 낯섦 앞에서 "나"는 그 시간과 시간 바깥의 시간과 (불)규칙까지도 함의하는 신체로 전유되는 것이다. 신체는 비인간 전환 시대에서 불온하지 않았던 불온이 놀이로 인지되는 윤리적 평원으로 가기 위해 끊임없이 "워

프"(김승일, 2019c)를 통과하는 실체다. 이 같은 신체가 공간으로 말해질 때 "나"는 어느 순간부터 이미 인간 조건을 새로이 결정짓는다.

참고문헌

김승일(2019a). 〈남아공 사람이 한국시를 쓰려고 쓴 시〉. 《여기까지 인용하세요》, 76-79쪽. 문학과지성사.

김승일(2019b). 〈마지막 수업〉. 《여기까지 인용하세요》, 110-112쪽. 문학과지성사.

김승일(2019c). 〈장미정원〉. 《여기까지 인용하세요》, 56-59쪽. 문학과지성사.

모리스 블랑쇼 지음, 이달승 옮김(2010). 《문학의 공간》. 그린비.

08
챗GPT의 시 읽기 4: 포스트휴먼

"기계처럼 대답해도 나는 부자가 아니구나." 이 시구에 대해 챗GPT는 다음과 같이 말한다. "포스트휴먼 사회에서 흔히 나타나는 디지털 정체성과 실재(Self vs Simulation)의 간극을 드러냅니다. SNS 속 '나'는 멋진 삶을 사는 듯 보이지만, 실제 '나'는 그렇지 않다는 것처럼요."

AI와 한의학?

챗GPT를 활용한 시 쓰기에 대한 시적 비판

인간 아닌 것(nonhuman)은 도덕론적 차원에서 인간의 자격이 박탈된 비윤리적 존재 또는 인식론적 차원에서 인간의 지적 영역에 포함되는 것으로서 동물이나 사물을 의미한다. 그리고 과학 기술이 발전하면서 이 개념은 인공지능이나 사이보그 등을 의미하는 것으로 확장・정립되어 왔다. 인간은 인간 본성과 인간 강화라는 두 관점을 내장하면서 끊임없이 비인간의 성공적 사례를 유형화하는 한편, 그 타자와 동일한 인간 존재를 구현하기 위한 트랜지션에 몰두해 왔다.

챗GPT가 인공지능 대중화의 성공적 사례가 된 지금 이 시점에서 인공지능의 한계를 지적할 때 인간의 권능을 무기로 내세우는 논의는 큰 힘을 얻지 못한다. 다시 말해 인공지능과 인간은 이미 공생을 시작했으며, 우리가 법과 제도라는 인간적 틀 바깥에 존재하는 인공지능이라는 비인간을 위한 새로운 규칙이 발생하기를 기다리고 있을 뿐이라는 가설이 더는 가설이 아니게 되었다. 이러한 관점에서 인간의 존재 규칙을 새롭게 정의하는 트랜스휴머니즘은 또 하나의 계몽주의다. 그것은 영생하는 인간, 망각하지 않는 인간, 알고리즘에 따라 규칙화된 인간으로의 성장을 목표로 하며 완전히 새로운 기술을 우리 눈앞에 선사한다.

그런데 비인간 전환 시대에 반대급부로 '인간적인 것'을 '자연적인 것'과 겹쳐 보며 시스템을 통해 철저하게 작동하는 비인간의 '오류'가 불러일으킬 재앙을 우려하는 목소리 또한 배제할 수 없다. 이 목소리들의 일상, 다시 말해 인간을 추억하며 비인간을 선망하는 불규칙적 일상은 우리에게 새로운 알고리즘 혹은 알고리즘이 될 수 없는 것의 존재를 인식시킨다.

2000년대 시의 아이-화자는 한국 사회(넓게는 인간 사회)가 구축해 놓은 알고리즘을 본격적으로 거부하는 타자로 존재함으로써 "자기 존재의 근원을 확인하거나 보장받을 수 없음을 인지하고 실감하는 존재"였다. 이를 통해 아이-화자는 '가족'이라는 중심점이 단순히 생리적으로 결속된 사회체에 불과할 뿐 윤리적으로 담보되지 않는 관계라는 사실을 방증해 "'부모-자식'이라는 수직적 차원에서 불화하는 관계"로서 "윤리적 모험"을 나서는 주체로 거듭난다. 이 아이-화자는 2010년대를 거치면서 '시민적 트라우마'를 흡습한 시적 언어로 전성되었다.

시민적 트라우마에 기반한 채워지지 않는 애도는 "현대인이라면 누구나 자신의 실존의 차원에서 마주치게 되는 '무능력'"의 테제가 되고 그 무능력이 곧 "'내면적 성찰'과 동전의 앞 · 뒷면 같은 관계를" 희망하는 고무적인 발화자로 시인을 이끄는 것이었을지도 모른다. 그리고 이것은 다름 아닌 '인간'이 복무해야 하는 '세계'와의 관계에서 비롯되는 또 하나의 책무이자 윤리라고 할 수 있다. 이 같은 관점은 시민적 트라우마를 통감하는 주체로서 시의 언어가 가지는 일종의 생활론적 윤리라 할 수도 있을 것이다.

그렇다면 시적 주체의 윤리적 책무감이 역설적으로 더 일반적이고 보편화된 '고독감'을 불러일으키고 있는 상황은 어떻게 받아들여야 할까. 시민적 영웅이 되지 못한 인간, 소박한 일상조차 꿈꾸지 못하는 인간, 죽지 못해 살아 내는 인간의 형상은 시민적 트라우마 앞에서 내색할 수 없는 존재들로 내세워진다.

이것은 "개인주의의 안온한 고립을 거부"하거나 "낮이라는 다스려진 영역을 다루는 임무 가운데 의연한 관계를 유지하는" 숭고한 고독과는 거리가 먼 고독감이다. 그것은 자칫하면 개인주의를 넘어서 비인간의 영역에 편승한 인간이라는 혐의를 쓴 채 혐오의 대상이 될 수도 있다는 막연한 불안감으로 치환되고, 이는 끊임없이 인간에 대한 정의를 유보시키면서 비인간에 대한 환상과의 친연성으로 전유되기 시작한다.

스마트폰 속에 내장된 인공지능이 인간의 낮말과 밤말을 수집하며 그 일상을 알고리즘으로 생성하는 동안 인간은 자신의 눈앞에 갑작스레 등장한 작은 화면 속 슬픈 장면을 보고 울음을 터뜨린다. 이는 통감이 아니다. 인공지능의 조건 형성에 따른 인간의 비인간적 운동성이다. 이 과정 속에 인간은 인간도 비인간도 아닌 불규칙의 타자로 존재한다.

챗GPT의 포스트휴먼 관점에서의 시 해석

더글러스 호프스태터(Douglas Hofstadter)는 인간과 인공지능의 본질적인 차이가 메타인지에서 비롯한다고 말했다. 다시 말해 인공지능이 인간의 영역에 도달하려면 그 스스로가 기계임을 인식할 수 있는 자아가 발현되어야 한다는 것이다. 이 말은 비인간 전환 시대에 인간이 메타인지적 사유 체계를 정지하고 더 이상 '욕망'하지 않을 때 비인간으로의 트랜지션이 가능하다는 뜻으로 해석될 수 있다. 다시 말해 트랜스휴머니즘의 맹점은 인간 조건의 한계를 지적하고 재설정하면서 인간 존재의 본원적 인식 구조라는 거대한 차별성을 단순한 오류로 지적하는 데 있다.

이러한 관점에서 보면 김승일은 인간 조건의 트랜지

션을 통해 드러난 시적 주체의 '모자람'을 적극적으로 알레고리화한다. 시인에게 기계는 인간에게 간편하면서도 유리한 존재이자 당도해야 할 어떤 목적으로 인식되는 것 같지만 이 같은 사유 과정은 존재의 분명한 차이를 인식하는 낙차가 더욱 커지는 역설을 낳는다.

> 기계가 되고 싶다고 했지? 기계가 되는 법을 너는 몰랐지? 아직 몰라 답답하고 안타깝게도/우린 아직 기계 되는 법을 모르고 기계들은 네가 된다/본질적으론, 기계들이 네가 되면 기계가 너고 기계인 너는 오늘 되고 싶은 게/되어 있고 너는 이제 만족했을까?/입력하면 기계들은 믿는 것이다 믿기지가 않을 텐데 망설임//없이//기계에게 입력했다 너는 부자야 기계가 대답했다 나는 부자야 누가 내게 물어봤다/너는 부자야? 기계처럼 대답했다 나는 부자야/기계처럼 대답해도 나는 부자가/아니구나 …(김승일, 2019a)

이 시에 대한 챗GPT의 해석은 다음과 같다.

> 인간이 스스로 기계가 되기를 바라는 장면은, 포스트휴먼 시대의 자기 초월에 대한 욕망을 드러냅니다. 인간은 점점 더 기술에 의존하고, 심지어 기술과 결합하여 '더 나은 존재'

가 되기를 원합니다. 하지만 "기계가 되는 법을 너는 몰랐지?"라는 구절은 그 욕망이 완전히 실현되지 않은 상태, 즉 전이적 존재로서의 인간을 암시합니다. 기계가 인간이 되는 것이 아니라, 인간이 기계로 '되기'를 시도하고, 그 과정에서 주체성이 기계로 이동하고 있다는 걸 말합니다.

이것은 포스트휴먼의 핵심 중 하나로, 인간 중심의 사고에서 벗어나 비인간 주체, 즉 인공지능이나 알고리즘에도 '존재성' 혹은 '의미'를 부여하는 사고방식과 연결됩니다. 여기서 '기계'는 AI나 디지털 기술을 뜻할 수 있고, '입력'은 신념이나 명령, 또는 자기암시로 볼 수 있습니다. 기계는 그대로 받아들이고 '나는 부자야'라고 되뇌지만, 화자는 스스로 깨닫죠.

"기계처럼 대답해도 나는 부자가 아니구나."

이는 포스트휴먼 사회에서 흔히 나타나는 디지털 정체성과 실재(Self vs Simulation)의 간극을 드러냅니다. SNS 속 '나'는 멋진 삶을 사는 듯 보이지만, 실제 '나'는 그렇지 않다는 것처럼요.

이 같은 해석과 더불어 실제로 말하는 듯한 어조는 형식적 차원에서도 주목할 만하지만 그 내용 역시 주요한 주제의식을 담고 있다. 예컨대 이 시는 "기계처럼 대답해도 나는 부자가/아니구나"라는 구절에서 물신주의 세계에서 인간 조건은 포스트휴먼을 자처한다고 해도 완수되는 것이 아니라는 사실을 직선적으로 보여 준다. 아무리 유능한 기계가 되어도, 기계처럼 일을 한다고 해도 여전히 가난한 현실을 곱씹게 한다.

시는 이처럼 상상의 끝에서 현실로 되돌아오는 "워프"(김승일, 2019b)를 순환하며 언어의 유용과 무용 사이를 오가는 운동으로 나타나는데, 여기서 주목해야 할 점은 "만족했을까?"라는 설의적 표현에 있다. 다시 말해 인간은 비인간을 욕망할지라도 그 욕망이 결코 해소되지 않는다는 것이다. 이는 인간의 최소 조건 중 하나가 '욕망'이라는 사실을 재인식시키는 말과 다름없다. 이를 통해 인간은 영원히 신뢰할 수 없는 존재로 상정된다.

"믿을 수가 없는 일을 왜 믿었을까" 자문하는 이로부터 신뢰는 (불)가능성의 영역을 넘나든다. 또한 "될 것이다 죽은 사람이/되는 것은 행복하다 보지 않고도 믿는 자는 행복하다"(김승일, 2019a)는 언술을 통해 인간 조건의 최소 조건 중 하나가 '죽음'이라는 사실을 분명하게 인지할 수 있다.

인간은 생명과 더불어 생동하는 존재다. 생동이라는 말 속에 잠재해 있는 욕망은 인간을 변화의 순간의 총체로 만든다. 이 같은 박동은 죽음-되기로만 정지한다. 그리고 이 과정은 영원하다. 이는 일종의 알고리즘과 메커니즘을 수행하는 기계의 일상과 분명한 차이가 있다. 문제는 시에서 이러한 차이를 인간의 숭고한 존재 가치로 승화시키는 것이 아니라 비인간이 되지 못하는 슬픔의 위장으로 치환하고 있다는 점이다. 그것이 비인간의 문법과 규칙에 어긋나기 때문이다. 타자와 재회하려면 비인간의 문법과 규칙을 따라야만 한다.

참고문헌

김나영(2017). "통감하는 주체, 유무의 경계 너머의 말들". 《창작과비평》, 45(2), 447-466쪽.

김승일(2019a). 〈신뢰〉. 《여기까지 인용하세요》, 41-44쪽. 문학과지성사.

김승일(2019b). 〈장미정원〉. 《여기까지 인용하세요》, 56-59쪽. 문학과지성사.

더글러스 호프스태터 지음, 박여성·안병서 옮김(2017). 《괴델, 에셔, 바흐》. 까치.

모리스 블랑쇼 지음, 이달승 옮김(2010). 《문학의 공간》. 그린비.

박상수(2017). "발칙한 아이들의 모험에서 일상 재건의 윤리적 책임감으로". 《창작과비평》, 45(1), 280-300쪽.

이찬(2010). "시'알레고리', 2010년대 한국시의 화두". 《문학들》, 20, 236-256쪽.

09
챗GPT의 시 읽기 5: 대화

챗GPT는 "폭염과 폭우가 반복되는 나날" 속에서 "너의 몸속에서 자리 잡고 있다는 혹을 생각했다"든가 "창문에 장미 두 송이, 집에 없다는 뜻"과 "창문에 장미가 없다면 집에 있다는 뜻" 사이에 "창문에 장미 한 송이를 봤을 때 그것은 네가 장미가 되었다는 뜻"이라는 "망상"을 끼워 넣는 일 등에 주목한다.

AI와 화장품?

인간 이후의 인간의 조건

인간이 동물을 비롯해 인공지능, 미지의 우주생명체 등에 이르기까지 인간 아닌 것으로서 비인간의 영역을 확장하고 인간의 우월성을 내려놓음으로써 이 존재들의 "경험을 지식의 영역으로 포함하는 것을 '포스트휴먼'의 인식론적 조건"이라고 할 때 트랜지션은 인간 이후의 비인간이 도래하기 전의 존재자에 대한 사유이자 트랜스휴먼의 인식론적 조건이라고 할 수 있다. 오늘날 과학기술의 발전이 이룩하려 하는 청사진은 모든 인간이 사유하기를 멈추고 기계의 무한한 동력에 신체를 위임하는 방식으로 나아가고 있다.

흠결 없는 신의 진리가 있고 그 진리의 관념 안에서 행동하는 인간은 안전하고 구원받을 수 있는 종교적 계시의 재론에 다름 아니다. 이 같은 "신학의 로고스는 이론적 지향성과 다를 것이고 나는 생각한다[데카르트]의 배타적 고립 속에서 그리고 모으고 종합하는 지배를 가지고 주권적 자아의 초월론적 통각의 통일성에 의거해 확신하는" 주체를 다시금 환기한다. 그러나 인간은 자기를 확립하는 과정에서 끊임없이 타자를 발견하며 비로소 비인간 또한 타자로 인식하는 이 '차이'의 과정을 간과할 수 없다. 따라서 비인간의 무한 관념도 인간의 유한한 사유 속에 갇혀 재생산되고 어떤 규칙을 찾으려는 욕망(불규칙 그 자체에 포함되어 균열을 일으키는 욕망)이 되는 것이다.

양안다의 시에서는 이 같은 불규칙을 상상하는 시적 주체의 육성을 통해 타자와의 관계 회복, 나아가 세계와의 관계 회복을 소망하는 장면을 목격할 수 있다. 가장 개인적인 서사가 가장 사회적인 서사로 기능하는 순간, "언어의 완성이 언어의 사라짐과 일치하는 지점"으로서 "끝나지 않는 것, 끊이지 않는 것"의 서사를 경유하는 존재가 나타난다. 이들에게 트랜지션이란 단순히 인간 조건의 확장을 의미하는 것이 아니다. 그것은 인간의 기본적인 조건조차 제대로 갖춰지지 않은 세계에 대한 의심과 의심에 의한 전제를 수반한 관계성을 먼저 노정한다.

챗GPT가 읽은 양안다

어느 날 교정을 걷다가 이곳이 영화 속이라는 걸 알아버렸다//하고 싶은 말을 삼키고 나를 속일 때마다 니뭇잎이 떨어지고//누군가가 너의 목소리를 모사한다, 나 역시 당신의 발목이기도 했으니까, 같이 춤을 춰요 그대//열어지는 호흡//마음에 대해 이야기하면 마음에 대해 무지하다는 사실만 깨달았다//누가 내 옆에 있는 줄도 모른 채 억지로 웃어보이고 //고백해야 할 이야기가 떠오르면/떠오르는 생각들이 누군가가 쓴 각본일까봐 …(양안다, 2022a)

챗GPT : "고백해야 할 이야기가 떠오르면/떠오르는 생각들이 누군가가 쓴 각본일까봐"
→ 내 감정이 진짜일까, 혹은 시스템이 입력한 시나리오일까?
→ 트랜스휴먼 존재가 사랑의 주체일 수 있는가에 대한 존재론적 회의.

이 구절에서 알 수 있듯 이 시에서 드러나는 사랑은 단지 감정의 교류가 아닌, 알고리즘과 기억의 혼종, 언어의 오류, 그리고 자기기만과 진정성의 교차점에 있는 것으로 해석할 수 있습니다.
트랜스휴먼은 사랑을 구현할 수는 있지만 완전히 체화할 수는 없다는 딜레마에 놓여 있습니다. 그 사랑은 언제나 '학습된 것'이며, '모사된 감정'일 가능성이 존재하기 때문입니다. 양안다 시 속의 화자 역시 이런 의심과 실패의 사랑, 혹은 사랑이라는 개념 자체의 불확실성을 끌어안고 있습니다.

챗GPT가 이야기한 '딜레마'에 주목해 보자. 양안다의 시집 《작은 미래의 책》에 실린 첫 시이자 영화 〈트루먼 쇼〉(1998)를 떠올리게 하는 〈전주곡〉은 한 편의 시나리오 위에 놓인 시적 화자의 수동적 운명과 입 밖으로 꺼내지 않은 운명 바깥의 관계에 대한 상상을 '의심'으로 치환한다. 어떤 행동을 해도 그것이 시나리오대로라는 알고리즘을 파악한 이상 이 세계를 깨부수고 나가지 않는 이상 이 운명은 수정될 여지가 없다. "고백해야 할 이야기"가 있음에도, 그것을 떠올리는 순간 "누군가가 쓴 각본"이 되는 이 세계에서 알고리즘의 거부는 다름 아닌 함구의 방식으로 나타난다.

약속된 장소와 시간에 약속된 등장인물과 대사가 지나가는 동안 실재할 수 없는 시적 주체의 언어는 본질로서 내장되며, 그 내장된 언어와 시나리오의 언어가 함구로서 겹쳐지면서 규칙에 균열을 내기 시작하는 이 시는 "어디선가 나를 부르는 소리"가 들리지만 "고개를 돌리지 않으려 애쓰"는 것으로 주어진 알고리즘을 거부함으로써 "기다리고" 있던 "너"(타자)에 대한 가능성을 열어 놓는다.

예컨대 챗GPT는 "폭염과 폭우가 반복되는 나날" 속에서 "너의 몸속에서 자리 잡고 있다는 혹을 생각했다"(양안다, 2022b)든가 "창문에 장미 두 송이, 집에 없다는 뜻"

과 "창문에 장미가 없다면 집에 있다는 뜻" 사이에 "창문에 장미 한 송이를 봤을 때 그것은 네가 장미가 되었다는 뜻"이라는 "망상"(양안다, 2022c)을 끼워 넣는 일 등에 주목한다. 이를 통해 양안다의 시는 끊임없이 규칙적으로 편제되어 반복적이고 안정적인 비일상을 강조하는 세계 속에서 일상 속 '너'라는 타자의 존재 조건을 불규칙적으로 삽입하고 있다.

여기에서 시가 "아폴론적인 것과 디오니소스적인 것의 이중성과 결부되어 있다"는 니체의 말을 경유한다면 오늘날 우리를 통관하는 체계이자 법칙은 알고리즘으로 점점 빠르고 명확하게 사적인 공간까지 침윤하고 있으며 '나의 본능'은 일종의 면역 체계로 작동해 우리를 들끓게 한다고 말할 수 있다. 시민적 트라우마는 곧 누구도 구하지 못한 체계와 법칙에 따른 결과였다는 사실을 인지할 때 인간 조건이란 한없이 작은 하나의 감정으로 수렴하는데, 그것은 다름 아닌 '사랑'이다. 통감이라는 정동을 애도라는 실천으로 전유하고, 혐오라는 현실을 애증이라는 추상으로 극복할 때마저도 사회적 현현을 인간 조건으로 전환하는 유일한 매개는 다름 아닌 '사랑'이다. 이 과정에서야말로 "아무것도 모르겠다는 결론에 도달하면/아무도 모르는 마음이 뒤따라오"듯 "먼저 죽은 이들이 우리의 죽음을 마중 나온다는 이야기를 들을 때" "악의가 흔들리는데 누구 하나 살아 돌아오지 않"는 세계에서 "그 사실이 슬프지 않을 때면" "몸은 열에 잠기기 시작"하는 본원적 인간 조건이 발동되는 것이다(양안다, 2022d). 이 주체는 "취한 채 다짐만 되풀이"하는 디오니소스적 존재이나 시인에게는 비인간과 인간 사이를 오가는 불규칙적 타자의 현현이다.

> 친애하는 단에게./안녕, 네가 To와 Dear의 차이를 알았으면 좋겠어. 언젠가 장이 내게 물었던 걸 너에게 전하고 싶다. 시간과 공간을 어떻게 분리할 수 있냐고. [중략] 그럴 수도 있는 일들…… 지금 생각해보면 그런 일들은 모두/작거나 아름다운,/미미한 가능성들//혼자인 사람들은 서로 닮은 꼴이었다/태어날 때도 죽을 때도//꿈에선 아기 코끼리가 춤을 추고/ 크레파스 병정들은 인간을 그려 넣는데//주치의는 감정이 부족하다고 말하겠지/나는 사라진 너에게 질문을 하는 중이야/만약 날개 꺾인 새로 태어났다면 미래가 조금은 가벼웠을까/어떻게 생각해, 선생?(양안다, 2022c)
>
> 챗GPT:
>
> To는 방향이고, Dear는 마음이에요.

누군가에게 말을 전할 수는 있지만,
그 사람이 여전히 마음속에 있다면 우리는 "Dear"라고 부를 수 있겠죠.
그러니 이 시는, 말의 형식을 빌려서
관계의 남은 체온, 사라짐 이후의 존재,
그리움과 무게의 윤리에 대해 조용히 묻고 있는 셈입니다.

〈이토록 작고 아름다운〉 연작 가운데 중장에 해당하는 이 시를 통해 챗GPT에게도 To와 Dear의 차이에 대한 질문을 던져 본다. "그리움과 무게의 윤리에 대해 조용히 묻고 있는 셈"이라는 말의 뜻은 무엇일까? 시에는 '장'과 '단' 그리고 '선생'이 등장한다. 인간의 부족함을 진단하는 "주치의"와 기준이 있는 세계에서 조금 모자란 "몬데"와 "엘리"의 '차이'를 감싸는 풍경은 "꿈과 어둠, 창문, 해변" 그리고 "그런 걸 사랑했"던 시간이다. 풍경 속에 결속된 관계가 와해되거나 희미해진 현시점에서 "선생은 인간의 마음을 이해하지 못하는/기계처럼" 단에게 편지를 쓴다. To와 Dear의 차이를 알지 못하는 쪽은 누구일까?

인간이 아닌 "날개 꺾인 새로 태어났다면" 이 세계에서 추수할 수 있는 조건은 얼마나 본질적인 것이 될까? To와 Dear 사이에 놓여 있는 '친애하는 마음'이 챗GPT

가 언급한 것처럼 방향과 마음의 차이에서 기인하는 것이라면 중요한 점은 비인간 전환 시대에 인공지능과 사이보그의 형태로의 순행적 강화가 아니라 불완전한 동물 형태로의 역행적 완화가 이뤄지고 있다는 점이다. 양안다의 시와 챗GPT의 언급을 조심스레 겹쳐볼 때 사랑이란 바로 이처럼 인간에게만 존재하는 불규칙적 조건을 완수하는 형태로 드러난다. 그것은 알고리즘화한 세계 속에서 유일한 면역 체계이자 세계의 교란종으로서 탄생한다. 마치 우리(사용자와 챗GPT)의 대화처럼 말이다.

참고문헌

모리스 블랑쇼 지음, 이달승 옮김(2010). 《문학의 공간》. 그린비.

양안다(2022a). 〈전주곡〉. 《작은 미래의 책》, 9-11쪽. 현대문학.

양안다(2022b). 〈이상 기후는 세계의 조울증〉. 《작은 미래의 책》, 22-25쪽. 현대문학.

양안다(2022c). 〈펀치드렁크 드림〉. 《작은 미래의 책》, 40-43쪽. 현대문학.

양안다(2022d). 〈미열〉. 《작은 미래의 책》, 36-39쪽. 현대문학.

양안다(2022e). 〈이토록 작고 아름다운 (중)〉. 《작은 미래의 책》, 60-75쪽. 현대문학.

에마뉘엘 레비나스 지음, 김성호 옮김(2019). 《우리 사이》. 그린비.

이호영(2023). "트랜스휴먼 그리고 포스트휴먼". 《인문학연구》, 40, 281-290쪽.

프리드리히 니체 지음, 박찬국 옮김(2007). 《비극의 탄생》. 아카넷.

10
챗GPT와 시의 새로운 방향: 메타읽기

인공지능 기반 환경에서 현대시 읽기가 이뤄진다면 독자는 더욱 능동적인 읽기를 할 수 있으며 시의 원텍스트와 인공지능 창작 텍스트를 비교 고찰해 현대시 담론을 직접적으로 체감할 수 있는 기회를 얻을 것이다. 또한 학습자와 교수자의 관계에서도 문학 원론 수업에 그치는 비평 교육이 아니라 인공지능을 활용한 텍스트 창출의 용이함과 시간적 효율성을 바탕으로 더 폭넓은 시 읽기를 기획할 수 있을 것이다.

종교와 AI?

시 읽기 사례를 통한 인공지능 활용의 효과

앞서 살펴본 사례 가운데 시 읽기와 재창작을 동시에 수행한 사례는 기형도 읽기 수업이었다. 이 내용을 바탕으로 인공지능 활용에 대한 공감도와 효과에 대해 이야기해 보고자 한다. 설문한 내용에서도 인공지능을 활용한 '기형도 바꿔 쓰기' 실습에 대한 학습자들의 문제 지적과 효과에 대한 기대감을 확인할 수 있었다.

> 학습자 ①: 최종 출력된 시는 요청했던 겨울의 촉각적 이미지를 잘 활용하고 기형도의 시를 반영해 어둠 속에서 너를 찾아 달려가는 행동을 강조했다. 또, '오직 어둠만이 우리를 더 깊은 숲으로 불러들이지'와 같은 문장은 우울의 정서를 잘 보여 준다. 하지만 요청했던 분량을 지키지 못한 점, '청춘'과 같은 단어를 직접적으로 사용하고 있다는 점, 찬바람과 어둠이라는 단어에만 집중해 다양한 이미지를 보여 주지 못하는 점 등에서 아쉬운 모습을 보인다. **추가로, 한 번 더 수정한다면 '우리 모두는', '나는', '우리의'와 같은 단어는 빼도록 요청하면 좋을 것 같다.**
>
> AI 활용 창작물은 학습 데이터에 기반한 결과물이므로, 원본과 유사한 스타일이나 구조를 가질 수 있다. 하지만 요청한 조건을 잘 지키지 못하거나, 직접적인 단어의 사용, 요청

한 단어를 많이 반복한다는 점에서 아쉬운 점도 존재한다. 이는 AI가 인간의 창작 과정을 이해하지 못하므로, 진정한 의미나 감정을 담기 어려운 것으로 보인다. 하지만 수정 과정을 거쳐 시가 개선된 것처럼, **사용자가 개입과 수정을 통해 방향을 잡아 주면 더 좋은 시를 창작할 수 있을 것이다.** 앞으로 이와 같은 인간과 AI의 융합을 통해 더욱 창의적이고 다양한 시 창작 세계를 기대할 수 있을 것이다.

학습자 ②: 〈거리에서〉는 진눈깨비가 내리는 겨울을 배경으로 방황하는 청년의 모습을 그린 시다. 1연에서 '진눈깨비가 춤을 추는 듯 흩날리는' 공간을 제시한다. 화자는 마스크를 낀 사람들이 어디로 가는지 알지 못한다. 2연에서는 가난했던 과거의 시절을 떠올린다. 3연에서는 밝게 빛나는 빌딩과 어두운 거리를 대비하며 자신의 절망을 이야기한다. 4연에서는 불확실한 채로 걸음을 옮기며 '어디로 가야 하는가' 스스로 묻는다. 1연에서 '그들이 어디로 가는가' 묻던 질문은 마지막 연에서 자신에 대한 질문으로 연결된다.

어두운 시기 젊은 청년의 절망적 상황을 노래했다는 점에서 기형도의 시와 유사하지만, '절망', '청년'과 같은 직접적인 단어를 통해 상황을 드러냈다는 점에서 아쉬움이 있다. 관념어가 아닌 구체적인 대상을 통해 삭막한 현실을 표현하도록 수정을 요구했지만, 최종 결과물에 반영되지 않았다. **이처럼 인공지능을 통해 산출한 작품은 추상적인 감정과 분위기를 그대로 드러낸다는 점에서 한계가 있다.** 추상어를 직접적으로 사용했기에 화자의 감정이 독자에게 내밀하게 다가오지 않는다. **하지만 '방황하는 청년'이라는 시적 주체에 가까운 모습이 시를 통해 드러났다는 점에서 가능성을 엿볼 수 있었다.** '어디로 가야 하는가'라는 질문이 1연(타인을 향한 질문)에서 5연(자기 자신을 향한 질문)으로 이어진다는 점에서 시에서의 주요한 질문을 확인할 수 있었다.

인용된 텍스트를 살펴보면 학습자와 인공지능의 상호 담화를 통해 생성해 낸 '기형도 바꿔 쓰기'의 예시를 시 해석의 관점에서 서술한 뒤 프롬프팅 과정에서 적용이 잘된 점과 잘되지 않은 점을 구별하고, 이를 바탕으로 인공지능 창작의 한계와 기대 효과를 서술하고 있음이 드러난다. 중요한 점은 각각의 학습자가 서술한 내용 가운데 강조한 부분에서 드러난다. 먼저 첫 번째 인용문의 강조된 부분은 인공지능의 텍스트를 전적으로 신뢰하는 무비판적 태도를 취하는 대신 사용자가 텍스트를 관장하고 적극적인 프롬프팅을 통해 수정할 때 더 좋은 결괏값이 도출될 수 있다는 점을 시사한다. 이는 학습자가 단순히 인공지능의 '신기한 기술'을 체험하는 데 그치지 않고 어떤 방식으로 기형도의 시 세계를 MZ 세대의 우울 담론에 접합할 수 있는지 스스로 고민한 데서 비롯한 객관적 평가라 할 수 있다. 마찬가지로 두 번째 학습자의 평가 또한 인공지능의 시가 기형도의 시와 유사성을 띠고는 있지만 인공지능 특유의 직관적 단어 사용이 시적 긴장감을 낮춘다는 점에서 시 자체의 미학적 관점에서는 한계를 보인다고 지적한다. 다만 1980년대 폭압의 현실에서 2020년대 '방황하는 청년'으로 건너온 기형도에 대한 상상을 보여 주는 몇몇 구절이 시에 포진되어 있다는 분석을 통해 인공지능의 '바꿔 쓰기'의 효능감을 제시한다는 점은 시사하는 바가 크다. 이는 교수자의 입장에서 학습자가 수업 목표의 맥락에 맞게 스스로 인공지능의 한계가 무엇인지 파악하는 것을 뛰어넘어 이 같은 '바꿔 쓰기'를 통해 '우울'의 세대론적 의미를 파악해 그것을 자기우울의 고백적 차원으로 변용했음을 보여 주기 때문이다. 이 같은 학습자의 이해에 기반해 이 책에서 제언하고자 하는, 인공지능을 활용한 현대시 비평 교육을 위한 프롬프팅 가이드는 다음과 같다.

종래의 한국시 읽기 교육은 대개 ① 이론과 문학사에 대한 강론, ② 작품 또는 작가론 독해, ③ 토론과 발표,

④ 비평 실습으로 이뤄져 왔다. 그러나 이를 학습자에게 완벽하게 제공하려면 주제를 축소하거나 강론 형태의 수업을 진행할 수밖에 없다. 이는 대학 교육에서의 능동적이고 적극적인 참여형 수업과는 상반되는 구성으로 나아갈 수밖에 없다는 한계를 지닌다.

역설적으로 현대시 읽기에서 핵심적인 활동은 '쓰기 활동'이라고 할 수 있다. 텍스트를 선별하고 문학적 접근 방식을 기획하는 과정에서 개인의 가치관과 사회적 · 문화적 담론을 내재화하는 것이 비평 활동의 근본 목적이기 때문이다. 그럼에도 한국시 읽기 교육 방식이 여전히 수직적이고 문학사적인 설명에 치우쳐 있다는 문제를 거듭 강조할 수밖에 없다.

현대시에서의 특정 담론과 개념의 의미 그리고 비평적 지점을 학습자에게 학습시킨다는 목표 아래 그 학습이 토론과 실습을 통해 텍스트에 대한 본질적 체험이 되게 할 방안을 제시하는 것은 교수자의 일방적 강론만으로는 역부족이다. 정확한 정보를 바탕으로 텍스트에 대한 다채로운 접근이 가능해져야 한다. 이러한 관점에서 얻은 몇 가지 피드백은 중요한 점을 시사한다. 단순히 인공지능을 활용하는 것이 능사라는 말은 결코 아닐 것이다.

메타읽기를 위한 프롬프팅 조건

우선 학습자의 프롬프트 조건 설정에 대해 일종의 가이드라인을 제시해야 한다. 학습자가 시를 읽는 방식을 이해하고 원작과 인공지능의 재창작물을 비교 고찰함으로써 현대시에 대한 비평적 접근 방식을 얻을 수 있게 한다는 학습 목표를 성취하려면 학습자가 인공지능의 대화 생성 메커니즘을 잘 이해할 수 있도록 돕는 것이 우선 과제다.

수업뿐 아니라 다양한 현장에서 사용되고 있는 대화형 인공지능 GPT 모델은 정해진 토큰 수 안에서 사용자와의 대화 맥락으로부터 텍스트를 유추해 결과를 도출한다. 또한 오늘날 인공지능은 프로그래밍된 방대한 양의 데이터를 임의로 추출하는 것이 아니라 딥러닝을 통해 새로운 데이터를 꾸준히 습득하고 인공지능을 활용하는 사용자와의 상호 협력을 통해 결과물을 도출한다. 그러므로 사용자의 프롬프팅에 따라 텍스트의 맥락이 상당히 달라질 수 있다는 점을 감안해야 한다. 이는 사용자의 언어 사용 편차에 따라 결과가 달라짐을 뜻할 수도 있겠지만, 더 나아가 프롬프팅이 지식의 정도와 정확성에도 영향을 끼친다는 점을 함의한다. 다시 말해 사용자가 제공하는 텍스트의 출처가 불명확하거나 실제에 기반하지 않는 거짓 정보라면 GPT가 그 정보를 수정해 주는 것이 아니라 오히려 수용함으로써 새로운 거짓 도출을 범하게 된다. 이러한 현상은 GPT 모델의 치명적 한계이자 인공지능 창작물의 객관성을 손상하는 대표적 요인이다.

지금부터 제안하는 조건은 거짓 도출을 억제하는 범위 내에서 제시할 수 있는 프롬프팅 방법이라고 할 수 있다. 학습자는 먼저 "텍스트의 선택과 연결을 위한 의사결정을 반복하며 하이퍼텍스트 읽기(hypertext reading)를 수행"해야 한다. 이는 인공지능이 생성하는 텍스트를 단순히 해석하기만 하는 태도가 아니라 학습자와 인공지능 간에 이뤄지는 문학적 · 비평적 대화를 관장하고 조율하는 메타인지적 사고를 통해 가능하다. 따라서 주어진 조건에 맞추어 인공지능이 시를 창작하고 해석한다고 하더라도 대화의 권위자는 학습자가 되어야 한다.

여기에는 문학 원론에 대한 학습자의 정확한 이해가 선행되어야 할 것이다. 따라서 첫째 조건은 비평 텍스트의 선행 학습이다. 교수자는 학생들에게 학습할 텍스트를 지정하고 그것을 충분히 이해할 수 있도록 문학 지식을 제공해야 한다.

둘째 조건은 비평 텍스트 토론 단계다. 학생들은 수업

참여자 그룹을 구성해 학습한 해당 텍스트에 대한 자기 의견을 정립할 필요가 있다. 이는 인공지능 활용의 실습 단계에서 더욱 창의적이고 실효성 있는 프롬프트를 구성하는 데 도움을 준다. 토론 단계에서는 비평 텍스트가 갖는 문학 지형적 가치에 대한 의미를 올바르게 규명하고 실제 비평의 직전 단계로 자신만의 방법론을 구축할 수 있어야 한다. 예컨대 앞서 살핀 시인들을 주제로 한다면 1960년대부터 2010년대까지 한국 현대시에 드러난 시적 담론을 어떤 방식으로 구분하고 의미화할 것인지에 대한 상호 토론이 이뤄져야 한다.

셋째 조건은 학습과 토론을 통해 확립한 지식을 활용해 인공지능 담화를 구성하고 명령어의 기준을 마련하는 것이다. 이때 고려해야 할 기준을 정리하면 표 10-1과 같다.

현대시 읽기에서 고려해야 할 프롬프팅의 충족 요건은 세 가지다. '사전 학습 유무'는 인공지능 모델이 사전에 이미 학습한 언어 데이터 더미에 학습자가 비평하려는 텍스트가 포함되어 있는지 알 수 없는 상황에서 실제 학습할 텍스트와 관련된 스키마와 작품을 사전에 제공하는 것과 관련된다. 인공지능은 이미 학습된 데이터 외에 사용자가 제공하는 데이터를 새롭게 학습할 수 있기

표 10-1. 뤼튼 활용을 위한 프롬프팅 가이드

인공지능 활용 모델	GPT-4	플랫폼: 뤼튼
사전 학습 유무	① 비평 활동에 필요한 정보(역사적·사회적·문화적)를 인공지능에 제공했는가? ② 비평 활동에 필요한 작품 텍스트를 제공했는가? ③ 인공지능의 시 창작을 위해 필요한 수사학적 방법을 제공했는가?	
지식의 정확도 (거짓 도출 방지)	① 출처가 명확한 사실 정보를 제공했는가? ② 비평 텍스트의 정본을 제공했는가? ③ 비교 고찰 대상의 텍스트를 확보했는가?(사용자 관점)	
명령어의 변별도	① 요청 사항을 구체적으로 기술했는가? ② 도출 변수에 대처할 수 있는 방안을 마련하고 있는가? -GPT-4 토큰 수를 초과하지 않는 범위 내에서 대화가 이뤄지고 있는가? -불필요한 세션을 생성했는가?	

때문에 이 과정은 필수적이라고 할 수 있다.

'지식의 정확도' 요건은 거짓 도출을 방지하는 데 필요하다. 출처가 명확한 사실 정보를 제공하고 비평할 텍스트의 정본을 학습시켜야 할 뿐 아니라 학습자 자신도 프롬프팅을 통해 도출된 텍스트가 얼마나 정확한지 파악할 수 있게 하는 비교 대상 텍스트(원전)를 확보하고 있어야 한다. 이는 거짓 도출의 위험성을 확연하게 낮춘다.

'명령어의 변별도' 요건은 명령어가 구체적일 때 좋은

답변을 얻을 수 있다는 사실을 전제한다. 명령어를 처음부터 추상적이고 관념적인 형태로 입력하면 인공지능의 창의적인 텍스트 창출을 경험할 수는 있겠지만 그렇게 창출된 텍스트가 실제 비평에 도움이 되는 텍스트라고는 볼 수 없기 때문이다. 또한 토큰이 한정되어 있기 때문에 더욱 분명하고 정확한 요청을 해서 불필요한 세션 생성을 방지해야 한다.

지금까지 정리한 내용을 바탕으로 인공지능 기반 환경에서 현대시 읽기가 이뤄진다면 독자는 더 능동적인 읽기를 할 수 있으며 시의 원텍스트와 인공지능 창작 텍스트 간의 비교 고찰을 통해 현대시 담론을 직접적으로 체감할 수 있는 기회를 얻을 것이다. 또한 학습자와 교수자의 관계에서도 문학 원론 수업에 그치는 비평 교육이 아니라 인공지능을 활용한 텍스트 창출의 용이함과 시간적 효율성을 바탕으로 더 폭넓은 시 읽기를 기획할 수 있을 것이다.

참고문헌

김지남 외(2015). "문학교육 연구의 주제와 방법에 대한 메타 점검-〈문학교육학〉 발표 논문을 중심으로. 《문학교육학》, 48, 81-132쪽.

박주택 외(2024). 《인공지능과 문학의 미래》.

경희대학교출판문화원.
백희정(2023). “인공지능 시대 독자의 질문 생성과 읽기 교육”. 《한국독서학회》, 68, 119-155쪽.
성은혜(2019). “문학교육에서 이루어지는 ‘쓰기 활동’에 대한 고찰”. 《한국문학이론과 비평》, 23(4), 323-352쪽.

김웅기

문학평론가. 2025년 조선일보 신춘문예로 등단했다. 대구대학교 국어국문과를 졸업하고 《김수영의 변증법적 공간 연구》와 《윤곤강 시 연구》로 경희대학교 대학원 국어국문학과 석사 학위와 동 대학원 박사 학위를 받았다. 주요 연구로 AI 분야에서는 《인공지능과 문학의 미래》(2024), 《인공지능 시대의 문학》(2025)을 공저했고, "AI 시대 논증적 글쓰기를 위한 프롬프팅 연구", "챗GPT 번역 프롬프팅 연구" 등의 논문을 발표했다. AI를 활용한 현대시 향유 및 비평 작업을 위한 연구를 이어 나갈 예정이다. 경희대학교 프락시스 연구회 소속으로 《윤곤강 문학 연구》(2022), 《한국문학사와 동인지문학》(2022), 《모던 경성과 전후 서울》(2023), 《해방 이후 동인지문학》(2025) 등을 공저했다. 우리문학회 학술상, 백조학술논문상 등을 수상했다. 현재 경희대학교 후마니타스칼리지에 출강하고 있다.